Céline Dion

Une femme, tout simplement ...

De Nadège Montadert :
• Britney Spears, Opps... - Ed. de la Lagune

De Nadège Montadert et Vincent Guillot :
• La révolution Jenifer - Ed. de la Lagune

Crédit photographique couverture : © Lipson-CBS-LANDOV / DALLE
Crédits photographiques livret : DR - DR - DR - DR - RODEO DRIVE PRESS / VISUAL Press Agency - DR - RETNA - Jean-Luc Pariente / LECOEUVRE PHOTOTHEQUE.

Directeur de la Collection Biographies : Enguerrand Sabot

1, Rue Felix Faure - 95880 Enghien-les-bains

Nadège Montadert

Céline Dion

Une femme, tout simplement ...

Editions de la lagune

CELINE DION

AVANT PROPOS

Céline Dion est une star comme il en existe peu. Une star populaire, au vrai sens du terme, qui a su en quelques années s'imposer comme une diva internationale et séduire tous les publics. En français comme en anglais, elle parvient, avec ses chansons, à toucher le cœur des gens. Si sa vie ressemble à un conte de fée, on oublie trop souvent que son parcours a aussi été jalonné de moments difficiles et qu'elle doit son succès à un travail acharné et à un rythme d'enfer qu'elle s'impose presque quotidiennement. Depuis trente ans, Céline n'a jamais vraiment quitté la scène. Entre les enregistrements, les tournées, la promotion, sa vie semble se confondre avec son métier. Les médias renvoient souvent l'image d'une machine à chanter, pilotée par René Angélil. Mais derrière cette vision aussi caricaturale que la version officielle et idyllique se cache une femme, à la fois fragile et volontaire qui a toujours voulu croire en ses rêves. À une époque où la télé réalité a fabriqué toute une génération d'idoles jetables, où les riches héritières ne brillent que par leurs frasques et la vacuité de leur existence, le parcours de Céline Dion met en lumière l'importance du travail et du talent dans la construction d'une carrière à long terme. Toujours plus loin, toujours plus haut semble être le leitmotiv de cette ambitieuse née. Quand elle songe à se lancer dans le cinéma, elle se voit déjà à Hollywood empocher un oscar. Céline est comme cela, depuis l'enfance, elle se raconte des films, elle n'est certes pas la seule, seulement les siens se réalisent ! Cette réussite exceptionnelle ne peut pas être le fruit du hasard, pas plus qu'une succession de miracles !

01 UNE ENFANT DU QUÉBEC

À l'image du Québec, Céline oscille entre deux cultures, deux langues, deux histoires… Enfant du pays, Céline symbolise à elle seule tout le paradoxe de cette belle région attachée à la francophonie et à sa différence.

Le 30 mars 1968 alors qu'une tempête de neige reporte une nouvelle fois l'arrivée du printemps, Thérèse Dion donne naissance à son quatorzième enfant ! La petite fille, prénommée Céline à cause d'une chanson d'Hugues Aufray entendue maintes fois à la radio, est la petite dernière d'une drôle de tribu québécoise dont le monde entier connaîtra bientôt l'existence !
Devenue adulte, Céline écrira « J'étais une erreur, un accident et pour ma mère un sérieux embarras » ! Après treize grossesses, Thérèse aspire en effet à vivre pour elle, à voyager, à profiter de son mari. Ses aînés, Claudette et Michel sont en âge de se marier, quant aux petits derniers, les jumeaux, ils s'apprêtent à entrer à l'école. Mais la contraception n'est pas encore passée dans les mœurs… Pendant toute sa grossesse Thérèse vit cloîtrée chez elle ; elle accepte néanmoins, sur les conseils de son médecin et ami Émile McDuff, d'accoucher à l'hôpital de Le Gardeur, situé à quelques kilomètres de son domicile.
Quatre jours plus tard, elle est de retour à la maison juste à temps pour fêter les six ans de Paul et Pauline et prépa-

rer le traditionnel gâteau au chocolat qui accompagne chacun des anniversaires de la famille !
Thérèse est une battante et même si l'arrivée de Céline lui cause plus de soucis que de plaisir, elle décide de faire face et peut compter sur le soutien indéfectible d'Adhémar avec qui elle est mariée depuis le 18 juin 1945 !

Si les parents de Céline sont tous deux originaires de Saint-Anne-des-Monts en Gaspésie, c'est à La Tuque, ville industrielle de Mauricie, qu'ils se rencontrent et se marient le 18 juin 1945. Thérèse Tanguay est la neuvième fille d'une famille de douze enfants dans laquelle la musique tient une place importante ! Ils s'installent à La Tuque en 1943 date à laquelle le père décroche un travail à la Fonderie of Canada. Un an plus tard, leurs anciens « voisins » les Dion viennent eux aussi s'installer en ville. Cette famille de paysans et de bûcherons connaît de nombreuses difficultés. Le père est violent, l'argent manque souvent et Adhémar fait la fierté de sa mère quand il décroche un emploi à la Fonderie. Le jeune homme est travailleur, sérieux et excellent joueur d'accordéon. C'est d'ailleurs grâce à son instrument qu'il séduit Thérèse. Le couple s'installe chez les parents d'Adhémar. Thérèse, habituée à vivre dans un environnement calme et serein, s'accommode difficilement des colères incessantes de son beau-père. L'arrivée de son premier enfant le 15 juin 1946 la comble de joie. Trois autres suivront et en 1950 Adhémar, qui construit des bungalows à Montréal, envisage de déménager avec sa petite famille. Pas question pour Thérèse de s'installer en centre ville, elle suggère plutôt à son mari de chercher dans ce que l'on pourrait aujourd'hui appeler la banlieue.

C'est ainsi qu'en 1954, la famille Dion s'installe à Charlemagne, petite bourgade située à 25 kilomètres de la capitale québécoise au confluent de quatre cours d'eau dont le plus célèbre n'est autre que le Saint-Laurent. Leur premier appartement rue Sacré-Cœur, trois pièces insalubres, qu'ils ont dû remettre eux-mêmes en état, devient vite trop petit pour la famille Dion qui compte désormais deux enfants de plus ! Adhémar décide alors de s'offrir pour 300 dollars un petit terrain rue Saint-Jacques sur lequel il bâtit de ses mains leur nouvelle maison. Thérèse l'aide autant qu'elle peut sous l'œil amusé des enfants. Mais l'arrivée de quatre autres petits rend vite l'habitation trop exiguë !

À cette époque, un tragique accident coûte la vie au père d'Adhémar dont la voiture est balayée par un train presque sous le regard de son fils qui ne supporte pas de rester plus longtemps dans une maison dont la fenêtre de la cuisine donne sur les lieux du drame. Le clan s'installe rue Notre Dame dans un logement un peu plus grand où dix-sept personnes doivent cependant partager la même salle de bains ! La grand-mère Dion, venue s'installer chez son fils après la mort de son mari, dispose d'une chambre au rez-

de-chaussée. La vieille dame est presque impotente et parle très peu : « Ma mère a été admirable. Elle l'a soignée, lavée, changée comme un enfant. Elle l'aidait même à manger et à s'habiller » confie Céline, admirative de tant d'abnégation. « Je ne sais pas si j'aurais la force et le courage de faire une chose semblable » ajoute-t-elle.
Les enfants et les parents dorment à l'étage. Dans le salon, de nombreux instruments de musique s'entassent et les disques jonchent le sol. On a parfois l'impression d'être dans un studio de répétition ! Céline et ses frères et sœurs aiment jouer dans la grande cour qui donne directement sur la rivière Assomption. Dès que le temps le permet les enfants vivent au grand air. Ils partent pique-niquer dans la campagne, visitent les fermes des environs, montent à cheval ou se promènent au bord des lacs. Céline se souvient avec nostalgie de ces après-midi au bord de l'eau consacrées à la baignade et aux jeux. Ce n'est pas la Petite Maison dans la Prairie mais presque…

Même si Thérèse parvient toujours à nourrir sa famille, les fins de mois sont parfois difficiles et les Dion ne peuvent pas s'offrir beaucoup d'extras. Les filles se partagent une poupée qui passe de sœur en sœur… Seule Céline a la chance d'en avoir une à elle. Au quotidien, les aînés aident les plus jeunes et donnent aussi un coup de main à leur mère pour les repas et la vaisselle. Les parents ont établi une règle simple, dès que les enfants sont en âge de travailler, ils doivent trouver un petit boulot et verser, chaque semaine 20 dollars pour aider à payer les factures. Avec une telle progéniture, la maison est rarement calme et silencieuse ! La bonne humeur l'emporte toujours ; Thérèse et Adhémar n'élèvent que très rarement la voix et aucun des enfants se souvient avoir un jour reçu une fessée ou une simple gifle. Céline est d'ailleurs une petite fille qui déteste les cris et fond en larmes dès que quelqu'un hausse le ton.

La tribu vit repliée sur elle-même, n'accordant pas facilement sa confiance aux étrangers. Jamais, malgré le manque d'argent, les Dion n'ont demandé de l'aide aux services sociaux. Ils se débrouillent entre eux et font face ensemble aux difficultés, se protégeant mutuellement. Ainsi lorsque Céline, âgée de deux ans, se fait renverser par une voiture devant la maison familiale, deux de ces frères présents au moment de l'accident tentent d'empêcher leur mère d'approcher pour lui éviter de voir le corps de la petite fille étendu sous le pare-choc d'une grosse berline noire. Ils imaginent le pire quand elle est conduite à l'hôpital où l'équipe médicale constate que l'enfant souffre d'une fracture du crâne et d'une commotion cérébrale. Les garçons, restés sur place, refusent les vingt dollars offerts par le conducteur de la voiture en échange de leur silence auprès des autorités policières. Quelques semaines plus tard, la famille découvre que le dénommé Jacques Picard, qui avait renversé Céline, vient d'être assassiné lors d'un

règlement de compte entre bandes rivales !
Cette histoire se termine bien et après une nuit à l'hôpital, la petite retrouve la chaleur et la douceur du cocon familial.
Quelques années plus tard un nouveau drame frappe le clan Dion. Une épreuve dont l'issue sera bien plus dramatique et qui marquera Céline à jamais. Elle a neuf ans quand elle découvre que sa nièce Karine souffre de fibrose kystique, une maladie qui altère la fonction des glandes à sécrétion externe dans l'organisme. On tente d'abord de lui cacher la nouvelle, mais les mines défaites, les yeux rougis et les messes basses alertent Céline qui jusqu'alors n'avait jamais été exclue des conversations des adultes. La famille fait bloc autour de Liette, la maman de ce tout petit bébé atteint d'une si grave maladie. Les médecins pensent qu'elle ne vivra que quelques semaines pourtant contre toute attente la fillette grandit. Pour respirer, l'enfant doit subir des soins quasi quotidiens. Petit à petit une vraie complicité se noue entre Céline et sa nièce. La maladie lui a donné une gravité et une maturité qui la différencie des autres enfants.
En 1984, dans *Mélanie*, un texte écrit par Eddie Marnay, Céline s'adresse une première fois à sa nièce en chanson :

« C'est ton courage qui a fait le mien
Moi qui suis forte à m'émouvoir pour un rien
Je me calme quand je prends ta main. »

Karine décèdera le 3 mai 1993, à l'âge de treize ans, dans les bras de sa tante qui n'aura de cesse de médiatiser cette maladie et d'œuvrer pour la recherche. Elle organise des conférences sur le sujet, des émissions de télévision sur le principe du Téléthon et verse régulièrement de l'argent à l'Association de lutte contre la fibrose kystique.
Deux ans plus tard c'est Jean-Jacques Goldman qui lui écrira un très joli texte en forme d'hommage :

« Vole, vole petite sœur
Vole mon ange de douleur
Quitte ton corps et nous laisse
Qu'enfin ta souffrance cesse. »

Enfant non désirée, Céline sent bien qu'elle doit se battre pour se faire aimer et accepter par le reste de la famille. Sa mère, dont la passion pour les tous petits ne se dément pas, ne tarde pas à baisser sa garde et un lien fusionnel unit très vite la mère et la fille. Mais de ce rejet maternel initial, elle garde un besoin profond de se sentir aimée et une soif de reconnaissance permanente.
Bébé, elle comprend vite qu'elle n'a pas intérêt à trop déranger… Elle fait ses nuits rapidement et de l'avis général ne pleure qu'à de rares exceptions. Très vite elle devient une petite fille souriante avec laquelle ses sœurs jouent à la poupée mais sans pour autant la considérer comme un bébé.

Enfant gâtée, Céline grandit au milieu de ses parents et de ses frères et sœurs, dont les plus jeunes ont six ans de plus qu'elle. Elle se sent naturellement plus à l'aise avec les adultes et les enfants plus grands. Dans *Ma vie, mon rêve*, la star se remémore son premier jour de maternelle comme un cauchemar atroce : « J'ai pleuré à fendre l'âme. Je devais quitter le nid douillet et confortable qu'était la famille pour vivre chaque jour pendant des heures loin de ma mère ! Jamais je crois, je n'ai eu le cœur aussi gros. Parce que je savais que je ne pouvais plus revenir en arrière et rester bébé. » À l'école Sainte-Marie-des-Anges, cette enfant gâtée jusqu'ici toujours entourée par sa famille, s'ennuie et demeure solidaire pendant les récréations. Les moqueries de ses petits camarades sur son physique n'arrangent rien et elle se renferme un peu plus. Si elle s'avère être une élève obéissante, elle n'est pas très attentive et ses résultats scolaires sont loin d'être excellents.
Cette inaptitude à vivre avec les gens de son âge et son goût prononcé, en dehors du clan, pour la solitude, perdurent encore aujourd'hui. La différence d'âge de Céline et de son mari fait régulièrement l'objet de nombreux sarcasmes et la star avoue n'avoir que peu d'amis et se satisfaire de l'affection de sa famille et de l'amour de son mari et de son fils.

Quand Céline entre à l'école, sa mère qui n'a plus à s'occuper des petits toute la journée, décide de travailler pour améliorer un peu le quotidien. Elle trouve un emploi de vendeuse à Montréal. Son emploi du temps ne lui permet pas d'être chaque soir à la sortie de l'école pour récupérer la petite dernière qu'elle envoie donc coucher chez l'une de ses sœurs deux soirs par semaine. Nouveau drame pour l'enfant qui se sent une nouvelle fois rejetée par celle qu'elle aime le plus au monde. Devant le malaise de sa fille, Thérèse trouve une solution et la petite regagne désormais la maison familiale tous les soirs.

La musique tient une place prépondérante dans la vie du clan. Adhémar, le père joue de l'accordéon, Thérèse, la mère, du violon. Ils transmettent très tôt à leurs enfants cette passion commune et prennent l'habitude de chanter ensemble dès qu'ils ont un moment. « À la maison, se remémore Céline, plusieurs musiques jouaient parfois en même temps. Ghislaine et Claudette, ma marraine, chantaient en haut dans la grande chambre des filles. En bas Jacques jouait de la guitare, Clément de la batterie, Daniel du piano. Michel écoutait ses disques de jazz… Et il y avait parfois la télé par-dessus tout ça ! »
Le jour où Adhémar décide de monter un orchestre, il entraîne naturellement ses enfants dans l'aventure. Jacques tient la guitare, Clément se charge de la batterie, Daniel se voit confier l'orgue quant à Denise, elle devient la première chanteuse de la famille. Très vite la formation, « A.Dion et son ensemble » avec son répertoire éclectique

qui mêle chansons traditionnelles québécoises et standards du rock se taille une sacrée réputation. Il faut parfois réserver l'orchestre un an à l'avance pour s'assurer sa présence à un bal ou un mariage ! Thérèse n'est pas en reste, elle joue du violon, s'occupe de l'intendance et fabrique des costumes de scène pour les grandes occasions ! Du haut de ses cinq ans, Céline s'amuse comme une folle à écouter sa famille répéter. Elle grandit au son des instruments et commence tout naturellement à chanter avec les plus grands. Elle prend l'habitude de participer à la chorale familiale qui entonne en canon des airs d'autrefois à la fin de chaque repas. La petite fille prend goût à l'exercice et ses frères et sœurs l'installent désormais tous les soirs sur la table de la cuisine où la diva confesse aujourd'hui : « Je chantais de toutes mes forces, avec une fourchette, une cuillère ou la lavette en guise de micro. Je les faisais tous rire. Je n'avais peur de rien, ni de personne. Le problème c'est que je ne voulais plus m'arrêter ! Une fois lancée, impossible de me faire descendre de la table. »
Son premier public est donc tout naturellement familial, mais à l'époque, Céline se mue dans le silence dès qu'un étranger arrive à la maison. Il lui faut rassembler tout son courage pour accepter, à cinq ans, de se produire seule face à une assemblée, composée en majorité d'inconnus, lors du mariage de son frère Michel, le 18 août 1973. De cette première expérience en public, Céline garde surtout le souvenir du trac qui la paralyse et des encouragements de

sa maman qui lui souffle « Vas-y mon bébé, vas-y c'est à toi » alors que son frère Daniel reprend pour la seconde fois l'intro de *Mamy Blues* au piano. Succès immédiat ; la fillette découvre la joie de séduire un auditoire et acquiert l'intime conviction qu'elle ne s'arrêtera jamais de chanter. À cette époque, la famille fait l'acquisition du Vieux Baril, un cabaret très fréquenté par les habitants de Charlemagne qui viennent autant pour la cuisine traditionnelle québécoise que pour l'ambiance musicale qui règne dans la salle. Les Dion répètent sur la scène qui occupe une grande partie de l'espace et se produisent régulièrement en compagnie d'autres musiciens de la région. En grandissant Céline passe de plus en plus de temps dans l'établissement. À la demande des clients, elle chante très souvent le samedi soir faisant ainsi ses premières armes sur scènes. Ses parents acceptent sa présence au Vieux Baril à condition qu'elle se lève le matin pour aller à l'école… La jeune fille, qui commence ses nuits sur une banquette jusqu'à l'heure de fermeture, n'est évidemment pas fraîche le lendemain pour se rendre en cours ! La vie qu'elle mène à l'époque n'a rien de structurant pour une enfant de son âge, elle ne mange pas à heure fixe, veille très tard, fait plus ou moins bien ses devoirs… Son attitude en classe s'en ressent, elle dort la moitié du temps et s'isole de plus en plus. Elle avoue « Dès que les cours commençaient, si je ne sombrais pas dans un demi-sommeil, je partais dans la lune et je me tournais des petits films dans ma tête. » Ses enseignants s'inquiètent, pensent même un temps qu'elle est une enfant battue mais n'obtiennent qu'une fin de non-recevoir de la part des parents de Céline qui n'apprécient pas que quelqu'un vienne leur faire la morale sur la façon dont ils élèvent leur petite dernière.

Céline, elle, continue de s'épanouir dans cet univers à la fois musical et familial et développe la certitude, qu'un jour, elle deviendra une grande chanteuse adulée par les publics du monde entier. Dès son plus jeune âge, son ambition ne se limite pas aux frontières de son pays : « À vingt ans, à quinze ans, à douze ans, et je crois bien, à huit ans, et même à cinq ans, j'ai tant voulu réussir, j'ai tant rêvé devenir une chanteuse connue est entendue aux quatre coins de la planète » confesse celle qui aujourd'hui semble avoir réussi son pari insensé.

Il est frappant de constater à quel point Céline a toujours été animée d'une ambition et d'une volonté farouche de réussir, doublées d'une assurance incroyable. Sa mère n'est d'ailleurs pas étrangère à ces rêves de gloire. C'est Thérèse qui, alors que sa fille n'a que douze ans, lui explique que pour réussir il lui faut son propre répertoire avec lequel elle pourra attirer l'attention d'un agent qui s'occupera de sa carrière. Étonnamment, Céline revendique cette ambition maternelle et avoue « Pour moi c'était un rêve. Mais ma mère était rendue plus loin que le rêve. Elle avait mûrement réfléchi. Elle avait un plan d'action. » On peut supposer qu'elle reporte sur cette enfant ses propres rêves artistiques mis de côté au profit de sa famille. Elle voit dans cette carrière à venir la possibilité d'une vie meilleure et l'aboutissement d'un cheminement musical et familial. D'ailleurs les frères et sœurs de Céline sont eux aussi mis à contribution. Jacques et Daniel lui préparent des bandes-son afin qu'elle travaille son interprétation et ne se contente pas d'imiter les grandes chanteuses qu'elle admire. Thérèse inscrit sa fille dans tous les concours de chants et toutes les fêtes de la région.

À cette époque, Adhémar a passé la main, « A.Dion et son ensemble » ne fait plus danser les foules mais ses enfants, Michel, Jacques, Daniel et Ghislaine ont pris la relève avec un groupe de rock les « D si D », qui se saborde quelques années plus tard. Michel qui a depuis remonté d'autres formations a fait la connaissance de Paul Lévesque, qui gère la carrière de groupes de hard rock québécois. Il lui propose un jour de l'accompagner à une fête au golf de Repentigny où Céline doit chanter. Avec toute l'énergie qu'on lui connaît, elle interprète *Let's get physical* d'Olivia Newton-John. Impressionné, l'homme lui propose son aide. Il rejoint Thérèse sur la nécessité pour la jeune fille de chanter ses propres compositions et lui demande d'enregistrer des maquettes qu'il s'engage à proposer aux différentes maisons de disques avec lesquelles il est en relation.

Malheureusement il n'a dans son entourage ni auteur ni compositeur susceptible d'aider Céline et sa famille dans la préparation de ces maquettes.
C'est une nouvelle fois maman Dion qui sauve la situation et s'empare d'un stylo pour écrire à sa fille des textes sur mesure ! Le refrain a un parfum de conte de fées :

« Ce n'était qu'un rêve
Mais si beau qu'il était vrai… »

Le ton est donné, Céline se sent pousser des ailes. Son frère Jacques vient renforcer le team Dion. Il compose en quelques heures une mélodie pour les couplets et propose des arrangements pour les refrains. Céline trouve le chaînon manquant à savoir le pont qui permet de relier les deux. La chanson est testée sur les autres membres de la famille, puis présentée à Paul Levesque qui devient officiellement le premier manager de la jeune fille à la fin de l'année 1980.
Paul verse toute son énergie dans la recherche d'un producteur et d'une maison de disques pour Céline. Il l'emmène en studio où elle enregistre trois titres dont *Ce n'était qu'un rêve* et *Grand-maman* écrits par Thérèse et une reprise de Jean Lapointe au nom évocateur *Chante-là ta chanson.* Plus habitué aux groupes de métal, il a du mal à cerner l'univers musical de la jeune fille et se demande comment la positionner face à Nathalie Simard, une autre

graine de chanteuse qui connaît alors un grand succès au Québec.
Très vite l'enthousiasme laisse place à une incompréhension mutuelle. Paul a du mal à admettre que les parents de Céline acceptent qu'elle fasse passer sa carrière avant son éducation. Son absentéisme l'inquiète car si l'école signale ces absences répétées, il risque des poursuites. Il adresse un courrier en ce sens à Thérèse et Adhémar, mais rien n'y fait. Céline n'est pas plus assidue en cours...

En ce début des années 80, le paysage musical québécois est dominé par Ginette Reno, chanteuse de variété très populaire qui remplie les salles et fait chavirer le cœur le Céline ! Son manager, un certain René Angélil, est un homme aussi occupé que sollicité. Il reçoit des dizaines de maquettes par jour et ne les écoute que très rarement. C'est ainsi qu'il laisse de côté une enveloppe de papier kraft entourée d'un ruban rouge contenant les rêves et les espoirs de toute une famille. Deux semaines après l'envoi des titres à René Angélil, n'y tenant plus, Michel décroche son téléphone pour tenter de lui parler. Le frère de Céline harcèle littéralement son secrétariat et finit par avoir au bout du fil celui qui tiendra bientôt le premier rôle dans la carrière et dans la vie de sa sœur.
Son audace et son assurance amusent l'homme d'affaires et attisent sa curiosité. Il retrouve la maquette, l'écoute et rappelle immédiatement Michel pour proposer à Céline

un rendez-vous l'après-midi même !

La petite québécoise, s'apprête, sans le savoir, a rencontrer celui qui changera sa vie et fera d'elle une star à la réputation internationale.

02 RENÉ ANGÉLIL : L'HOMME QUI RÊVAIT DE FAIRE SAUTER LA BANQUE !

En France, on a parfois l'impression que la vie de René Angélil a débuté le jour où il a rencontré Céline Dion. On ne connaît de lui que sa silhouette enrobée, son goût pour le jeu et son omniprésence aux côtés de son artiste. Cible privilégiée des humoristes, le couple apparaît comme une entité à part entière, pourtant René Angélil a déjà un passé bien rempli quand il prend en charge la carrière de la toute jeune Céline. Retour sur un parcours gagnant…

L'homme avec qui Michel Dion vient de décrocher un rendez-vous pour sa petite sœur n'a rien d'un néophyte dans le milieu artistique québécois. Charmeur, joueur invétéré, bon vivant, les qualificatifs ne manquent pas pour décrire celui qui révèlera au monde entier le talent de Céline Dion !

Fils d'immigrés syriens, René Angélil naît le 16 janvier 1942 à Montréal faisant le bonheur de ses parents, Alice et Joseph. Né à Damas, Joseph Angélil a vécu à Beyrouth et à Paris avant de s'installer au Canada à la veille de la seconde guerre mondiale. Il a trente-six ans quand il épouse Alice, une très jolie jeune fille de vingt et un ans. Même si leur mariage a été arrangé, selon la tradition, ils s'aiment d'un amour sincère et durable que l'arrivée de ce premier enfant vient renforcer. L'année suivante Alice donne naissance à André, leur deuxième fils. Les familles restent très présentes dans l'entourage et dans la vie du jeune couple qui parvient habilement à mêler les coutumes québécoises et syriennes. René grandit dans cette double culture. Les rares disques qu'il écoute à la maison sont en arabe mais il n'a que huit ans quand son père l'emmène pour la première fois assister à un match de hockey au Forum, la célèbre salle de Montréal. René devient vite accro et aujourd'hui encore il se passionne autant pour le sport national de son pays que pour le golf qu'il pratique assidûment.

De son enfance René tire aussi sa passion pour le jeu. À cette époque au Québec, la tradition veut que les gens se réunissent le samedi soir pour jouer aux cartes. La famille Angélil n'échappe pas à la règle. C'est donc en regardant les adultes jouer, qu'il apprend les règles du poker et du baccara et qu'il comprend que la chance ne se domine pas. Il découvre aussi l'importance des stratégies dans ces jeux où le hasard ne fait pas tout.

Contrairement à Céline, qui baigna dès sa naissance dans une ambiance musicale, René lui n'est pas à proprement parler un enfant de la balle ! Certes il chante dans la chorale de Saint-Vincent-Ferrier dès l'âge de neuf ans puis intègre l'ensemble de cors et clairons de l'école supérieure Saint-Viateur mais c'est sa rencontre avec son voisin Pierre

Labelle qui est décisive. Le père de son ami a joué dans l'Orchestre symphonique de Détroit avant de diriger celui du théâtre Mercier de Montréal où son fils aime s'imprégner de l'atmosphère des coulisses. À l'adolescence, Pierre initie René au rock et au jazz. Ensemble ils écoutent les disques d'Elvis Presley puis peu à peu nourrissent l'idée de se lancer dans la chanson.

Les deux garçons décident de tenter leur chance dans les concours amateurs qui fleurissent dans tous les cabarets de Montréal. Ils décrochent même une place pour le grand radio crochet de Billy Monroe, présenté en direct sur CKVL la station de radio la plus populaire du moment. Tendus mais confiants, ils sont convaincus de gagner ! Leur prestation désastreuse ne leur permet pas de remporter la partie ! Ils sortent honteux de cette cuisante défaite, mais ne s'avouent pas vaincus pour autant !

Ils sont même invités par deux de leurs camarades de Saint-Viateur, Gilles Petit et Jean Beaulne, à chanter avec eux lors du spectacle de l'école. Leur interprétation de *In the Still of the Night* de Cole Porter leur vaut le respect des autres élèves. René Angélil convainc ses trois compères de se présenter aux « Découvertes de Billy Monroe », avec le secret espoir d'effacer l'humiliation précédente. En l'honneur d'une équipe de hockey de Québec, ils décident de concourir sous le nom de Baronets. Le succès est au rendez-vous et dans la foulée les quatre garçons décrochent d'autres titres de gloire !

Mais pour les jeunes gens, âgés de tout juste dix-huit ans, l'heure de se choisir un métier vient de sonner. Pierre s'oriente vers le dessin, Gilles vend des assurances, Jean des téléviseurs avec son père et René s'inscrit à l'école des Hautes études commerciales, plus pour satisfaire son père que par envie.

Ces nouvelles activités n'empêchent pas les Baronets de poursuivre leur ascension. René se découvre un intérêt pour le management et s'improvise gérant, comme disent les Québécois, assurant la coordination d'un planning de concerts plutôt chargé !

Les garçons prennent un plaisir certain à se produire sur scène et apprécient d'être adulés et entourés par une cohorte de jeunes filles admiratives… Seul bémol pour René, ses études, qui ne le passionnent pas. Il préfère de loin chanter avec son groupe ou jouer aux cartes avec d'autres étudiants… Au cours de l'année 1960, sans en parler à ses parents, il décide de quitter l'école des Hautes études commerciales. Il retrouve le job de caissier à la Banque de Montréal, qu'il occupait pendant l'été et écume les cabarets des Laurentides chaque week-end avec son groupe. Alors que les Baronets se produisent pour la première fois à Montréal, à la Feuille d'érable, il invite sa famille et décide de leur dire la vérité. Son père ne dit pas un mot, mais leur relation en pâtira ; l'incompréhension et les non-dits dressent entre eux un mur invisible.

L'année suivante, René se retrouve au repos forcé à la suite d'une mononucléose. Il passe ses journées à écouter de la musique, à jouer aux cartes avec sa famille et nourrit secrètement l'idée de trouver la combinaison secrète qui lui permettrait de faire sauter la banque d'un casino ! Un rêve complètement fou qui le hantera pendant de nombreuses années !

À la fin de sa convalescence, il déçoit une nouvelle fois son père en abandonnant son emploi à la banque pour se consacrer à la carrière des Baronets. Le groupe a acquis une certaine notoriété qui lui permet de multiplier les concerts. Les garçons s'occupent de tout et très vite la nécessité d'engager un manager s'impose. Ils confient alors leur avenir à un homme, Ben Kaye, qui leur trouve des engagements aux États-Unis et à Porto Rico et leur décroche aussi un contrat avec une maison de disques. En 1963, les Baronets enregistrent leur tout premier 45 tours ! Ils deviennent des acteurs incontournables de la scène musicale québécoise. Pour René c'est le début de la belle vie, il s'offre une luxueuse voiture et fait craquer les filles ! Parmi ses nombreuses admiratrices, il repère Denyse Duquette, dont il tombe rapidement amoureux même s'il refuse d'officialiser cette liaison. René sait que son charme et son charisme sont un atout majeur pour le groupe. S'il annonce qu'il n'est plus célibataire, il a peur que le public se désintéresse... Cela pourrait aussi être un frein à ses conquêtes d'un soir ! La vie de tournée à cet âge procure quelques « avantages »...

Au milieu des années 60, la scène musicale internationale est dominée par les Beatles et René Angélil décide de traduire leurs succès en français pour les interpréter avec son propre groupe. Le pari est risqué ; peu de gens adhèrent à l'idée, à l'exception de Denis Pantis, jeune producteur ambitieux qui lui permet de concrétiser cette idée. Carton plein pour les Baronets qui remportent un joli succès !

Des discordes commencent pourtant à éclater au sein du groupe et l'ambiance n'est plus au beau fixe. Jean Beaulne, qui en parallèle manage d'autres jeunes artistes, n'est plus à 100% dans l'aventure. Ses amis lui reprochent ses absences, son manque d'implication dans la vie du groupe et finissent tout simplement par le remercier... Il le remplace par un petit nouveau Jean-Guy Chapados. Vexé par cette éviction, il attaque les Nouveaux Baronets en justice pour l'utilisation du nom « Baronets » sans sa permission. En 1966 un tribunal lui donne raison et le groupe se voit contraint de lui verser 50 000$ ou de changer de nom ! Le conflit se règle à l'amiable et Jean Beaulne retrouve même sa place au sein de la formation.
Mais cette période trouble a laissé des traces et le public n'est plus aussi enthousiaste. Pour leur grand retour sur scène, le 13 mars 1967 ils savent qu'ils doivent frapper

fort. Même s'ils ne se produisent pas dans la grande salle de la Place des Arts, comme prévu initialement, le succès est au rendez-vous.
Pour René, la fête sera de courte durée ; le lendemain, son père fait un infarctus enfermé dans la salle de bain de la maison familiale. Le jeune homme défonce la porte et découvre le corps inanimé de celui qui ne lui avait jamais pardonné d'avoir abandonné ses études.

Le 28 janvier 1968 un autre événement marque la vie personnelle de René Angélil qui devient papa pour la première fois. Le petit Patrick naît de son union avec Denyse Duquette, que René a épousée secrètement le 11 décembre 1966. On est alors loin de la médiatisation et des fastes de son mariage avec Céline Dion !
Denyse, qui n'apprécie guère les paillettes, a toujours été une épouse discrète qui laisse une grande liberté à son mari et accepte sa vie de saltimbanque.

René rêve de conquérir le monde et persuade Ben Kaye qu'une carrière américaine attend les Baronets. L'homme décroche un contrat avec la compagnie Genious Inc et les garçons entrent en studio. L'album, composé essentiellement de titres en anglais, restera à jamais dans les tuyaux. Leur distributeur dépose le bilan quelques jours avant la sortie du disque !
Cet incident marque le début de la fin pour les Baronets

dont la carrière musicale bat de l'aile… René Angélil et Pierre Labelle sont engagés dans une comédie musicale, *La belle emmanchure* mais des troubles politiques viennent compromettre l'aventure. L'année suivante, en 1971, ils font leurs débuts au cinéma dans *L'après-ski* et *L'apparition*, deux navets dont plus personne ne se souvient aujourd'hui !

En 1973, les Baronets mettent un terme définitif à leur carrière.

Depuis de longs mois, René Angélil se consacre plus à la maison de disques qu'il a créée, qu'à son groupe. Pourtant, cette interruption lui cause beaucoup de peine. Pour lui tout semble aller de travers. Endetté à la suite de paris sur les matchs de hockey, il voit son mariage se déliter peu à peu. Sa rencontre avec Anne Renée, chanteuse très populaire au Québec, précipite la fin de son premier mariage. Le 12 juin 1973 son divorce est prononcé par consentement mutuel pourrait-on dire… Pour éviter une longue et pénible bataille judiciaire, René et Denyse se mettent d'accord et reconnaissent l'adultère comme motif de leur séparation. Le 23 juin 1973, onze jours seulement après son divorce, René Angélil épouse sa nouvelle conquête ! Moins d'un an plus tard, le 23 mars 1974 leur fils Jean-Pierre voit le jour et la jeune maman décide se mettre sa carrière au second plan. Après quelque temps d'inactivité professionnelle, elle devient néanmoins animatrice d'une émission de télévision très populaire. Le 12 juin 1977 elle donne naissance à Anne-Marie, leur deuxième enfant.

René Angélil travaille à l'époque avec son ami Guy Cloutier, personnage haut en couleur, figure emblématique du show-business québécois, grand amateur de femmes et surtout de jeunes filles. Un penchant qui lui vaudra en 2005 une condamnation à trois ans et demi de prison pour agressions sexuelles sur mineurs. Des actes qu'il reconnaîtra devant le tribunal et qui le conduiront à s'excuser publiquement et à rendre toutes les récompenses qu'il avait obtenues au fil du temps.
Dans les années 70, il gère la carrière de nombreux artistes, dont celles d'Anne Renée et d'un petit prodige, René Simard, qui à dix ans remplit déjà les plus grandes salles de Montréal. Le jeune garçon vient de remporter le premier prix d'un grand concours de chant à Tokyo et le vieux rêve américain de René Angélil refait surface... Il persuade Guy Cloutier d'engager l'avocat des Beatles pour négocier un contrat avec les patrons de CBS, l'une des plus puissantes compagnies du monde ; la rencontre à lieu à New York. René fait son show, mais son attitude sûre de lui, un rien exubérante, agace les dirigeants de la firme qui ne prennent même pas la peine de les rappeler !
Si cet échec ne met pas un terme définitif à la carrière du jeune garçon, il installe une ambiance délétère au sein des

Productions Guy Cloutier. Quelques années plus tard, il sert même de motif au refus de l'augmentation demandée par René. L'homme quitte alors la société et se retrouve une nouvelle fois dans une passe difficile… Il fonde Les Productions René Angélil et prend en charge la carrière de Johnny Farago, chanteur considéré par beaucoup comme un véritable has been ! René décide de ressortir une méthode qui a fait ses preuves. Grand admirateur d'Elvis Presley et du Colonel Parker, son manager, il se rend à Memphis pour assister aux funérailles de son idole et à son retour monte un spectacle intitulé *Hommage à Elvis* dans lequel Johnny reprend les plus grands tubes du King traduits en français. Bingo ! René reprend la main !

En décembre 1977, les Angélil passent les fêtes à Acapulco où Johnny assure un tour de chant à l'hôtel El Presidente. C'est à cette occasion que René croise Ginette Reno, une très grande star au Québec, qui lui propose de devenir son manager. Malgré la réputation capricieuse de la chanteuse, incapable de garder très longtemps un impresario, il accepte le poste et met toute son énergie dans l'aventure. Il parvient à intéresser Eddy Marnay, auteur très en vogue en France à cette époque, qui accepte d'écrire un album pour elle. René, qui imagine déjà une brillante carrière internationale pour sa nouvelle protégée, a tout naturellement choisi de s'attaquer en premier lieu au marché français. Une stratégie qu'il mettra en œuvre quelques années plus tard avec Céline Dion. Mais une nouvelle fois l'artiste mélange vie privée et vie professionnelle. Elle tente d'imposer son nouveau fiancé, Alain Charbonneau, à son manager. René refuse de partager son rôle et surtout ses parts avec un inconnu qui de plus ne connaît rien au métier. La collaboration entre René Angélil et Ginette Reno tourne court. Anéanti par ce nouvel échec, il envisage un temps de reprendre ses études de droit !

C'est dans cette période de doutes intenses que la démo de Céline Dion arrive sur son bureau... René commence sa plus belle et sa plus longue partie de poker !

03 UNE RENCONTRE DÉCISIVE…

Quand Céline Dion fait la connaissance de René en 1981 elle n'a que 13 ans. Elle ne peut sans doute pas imaginer que cet homme, qui se tient debout devant elle, sera un jour son mari et qu'ensemble ils parviendront à conquérir le monde.

Leur première rencontre se passe dans le bureau d'Angélil à Montréal. Même si Céline a depuis longtemps dépassé son angoisse de chanter devant des inconnus et qu'elle enflamme régulièrement les soirées du Vieux Baril, elle est très impressionnée par cette ancienne gloire des années 60 dont elle a souvent vu le visage à la télévision. Céline garde un souvenir très précis de sa première impression : « Il me semblait triste, mais sa voix était d'une douceur enveloppante, toute chaude, très apaisante. » Après l'avoir complimentée sur sa voix, il lui propose d'interpréter sa chanson. La jeune fille pétrifiée ne parvient pas à articuler une parole. Sa mère est obligée d'intervenir. Elle explique que Céline n'a pas l'habitude de chanter sans micro. Qu'à cela ne tienne, René lui tend un stylo et l'encourage. Il lui suggère d'imaginer qu'elle se trouve sur scène, Place des Arts, face à son public. Elle se lève, recule et chante ce titre écrit pour elle par sa maman. René ne parvient pas à retenir ses larmes. Céline écrira quelques années plus tard : « J'ai vu à un moment donné qu'il avait les larmes aux yeux. Je me

suis dit que c'était gagné. Je n'avais jamais vu un homme pleurer en écoutant chanter quelqu'un… » Le charme opère visiblement des deux côtés ! René aime répéter : « Une voix comme ça il y en a une tous les vingt ans pas plus ! » Il décide immédiatement de prendre la carrière de Céline en main.
Une longue bataille juridique et médiatique s'engage alors entre René Angélil et Paul Levesque. Ce dernier aime rappeler à qui veut l'entendre que c'est lui qui le premier a découvert Céline et que si la légende de l'enveloppe au ruban rouge est très jolie elle n'en demeure pas moins totalement fausse. Selon ses dires, il aurait lui-même envoyé la démo et décroché le rendez-vous, mais aurait préféré laisser Céline s'y rendre seul avec sa mère pour que les choses soient moins formelles. Il accuse René de l'avoir évincé d'une manière malhonnête de la carrière de l'artiste. Pendant une petite année, il reste d'ailleurs dans l'équipe qui entoure Céline mais peu à peu la famille, obéissant aux ordres de René, refuse tout contact avec lui et il est mis définitivement à l'écart.

René envoie immédiatement Céline en studio enregistrer *Ce n'était qu'un rêve* accompagnée du pianiste de Ginette Reno, Daniel Hétu. Aux manettes, des techniciens que tout Montréal s'arrachent et à qui René assure d'entrée de jeu qu'ils vont « tomber par terre » en entendant la petite chanter ! C'est là une des caractéristique du style Angélil :

mettre la barre très haut pour obliger ses artistes à se surpasser, à donner le meilleur d'eux-mêmes. Impossible de décevoir après une telle présentation. Comme à son habitude, l'homme voit les choses en grand et pense déjà au premier album de Céline. Il décide de confier l'écriture des chansons à Eddy Marnay. Quand l'auteur de nombreux tubes d'Yves Montand ou de Barbara Streisand entend *Ce n'était qu'un rêve*, il n'en revient pas : « En l'écoutant, j'ai eu un vrai choc émotionnel, un coup de foudre. Pour moi sa voix était celle du bon Dieu, pleine de tendresse et tellement riche ». Il devient le coach vocal de la jeune artiste et lui apprend à gommer ses défauts. Il lui explique que dans les aigus, sa voix a tendance à devenir nasillarde et qu'elle met souvent trop de fioriture dans son interprétation. Céline l'écoute, respectueuse, avec une réelle soif d'apprendre et une grande humilité : « Il démolissait littéralement l'interprétation que j'avais faite de *Ce n'était qu'un rêve* et j'étais ravie. Parce qu'il avait des solutions à tout, parce qu'il était rassurant, attentif, intelligent, complice. »

Pour lui écrire des textes sur mesure, Eddy Marnay devient vite, malgré son âge, le confident de Céline. Elle lui parle en toute innocence de sa vie, de sa famille ; elle lui confie ses rêves d'adolescente. Pendant des années, il sera, après Thérèse, la personne qui connaît le mieux le fond de ses pensées.

Fait rarissime, René et Eddy sont immédiatement adoptés par le clan Dion à l'inverse de Paul Levesque qui n'était jamais parvenu à comprendre leur fonctionnement ! Céline se rappelle que ses frères ont fait passer une sorte de test d'humour à son manager lors de sa première visite au domicile familial : « Il a eu droit à une parodie bien préparée de son ancien groupe, les Baronets. Mes frères avaient répété, en imitant les voix, les gestes, les mimiques… René a beaucoup ri. » L'histoire ne dit pas comment les choses se seraient passées s'il s'était vexé… Leur passion commune pour la musique rapproche aussi les Dion et l'homme à qui ils viennent de confier le destin de la petite dernière… Jamais à court d'histoires, il raconte à Céline et à ses frères et soeurs toutes les anecdotes du show business et ne refuse jamais une partie de cartes avec les parents ! Les femmes de la famille, Thérèse y compris, le trouvent très séduisant… Ses origines orientales sont pour elles, qui vivent confinées dans leur belle province, d'un exotisme extrême. Céline raconte « Nous avions toujours vécu dans un petit monde tricoté, serré, peuplé exclusivement de Québécois francophones. Lui il venait d'ailleurs, il parlait plusieurs langues. À nos yeux, il avait infiniment de classe. Il nous faisait l'effet d'un prince exilé ! »

Pour l'aider à promouvoir le premier 45 tours de sa petite protégée, René décide de faire appel à Michel Jasmin, l'un de ses meilleurs amis, animateur d'une émission de télévi-

sion très populaire. Totalement inconnue du grand public, Céline se retrouve invitée sur le plateau d'un talk-show suivi par un million de téléspectateurs en moyenne ! Une nouvelle fois la famille est mise à contribution et le système D fait des miracles. Thérèse confectionne en trois jours une robe rose pour sa fille et teint une paire de chaussures pour qu'elles soient assorties à sa tenue. Manon coiffe et maquille sa sœur qui arrive avec deux bonnes heures d'avance dans les studios de Télé-Métropole. René, conscient de l'enjeu, présente Céline à tout le monde pour tenter de la mettre en confiance, mais quand elle se retrouve face aux caméras, elle est gagnée par le trac. Les répétitions se passent mal. Céline ne sait jamais où regarder. Les gradins vides l'angoissent. Elle a peur d'oublier son texte, de fondre en larmes. Son manager lui prodigue quelques conseils : « Il va falloir que tu plonges. Regarde une caméra, n'importe laquelle, et rentre dedans ... Dis-toi qu'à travers elle tu parles à ta mère ; qu'elle t'écoute et qu'elle t'aime. »
Quelques minutes plus tard, le show commence. En coulisses, Céline, tremblante, attend son tour. Quand Michel Jasmin l'annonce, René lui glisse à l'oreille « Vas-y. Montre-leur que tu es la meilleure. » Elle s'avance sur scène, aveuglée par les projecteurs, cherche le regard de ses parents et de ses frères et sœurs dans le public puis entame sa chanson. Dès les premières notes, son trac s'envole. Portée par la musique, elle oublie tout le reste. Cette

magie opère aujourd'hui encore dès qu'elle s'empare d'un micro pour chanter. Mais quand la jeune fille doit répondre aux questions de l'animateur, elle perd une nouvelle fois ses moyens. Lorsqu'il lui demande si elle compte prendre des cours de chant, elle répond sans réfléchir qu'elle n'en a pas besoin. Un manque de modestie qui n'est pas pour déplaire à René Angélil qui aime lui répéter : « Si tu veux aller loin, faut que tu saches que t'es capable d'y aller et que tu le dises. Comme ça tu t'obliges à y aller. » Visionner ces images et surtout cette interview plonge pourtant Céline dans un abîme d'angoisse. Si elle reconnaît avoir relativement bien chanté, elle se trouve suffisante et stupide lorsqu'elle répond aux questions de Michel Jasmin !

Pendant l'été qui suit cette première apparition télévisée, Céline travaille activement à la préparation non pas d'un mais de deux albums ! Un pari risqué engagé par son manager qui rêve de frapper un grand coup dès le départ… Le premier intitulé « La voix du bon Dieu » regroupe des titres écrits par Eddy Marnay comme *Au secours* ou *L'amour viendra*, les deux premiers titres de Céline écrits par sa mère et deux reprises, l'une de Berthe Sylva, Les roses blanches et l'autre *Tire l'aiguille*, adaptation d'une chanson traditionnelle remise au goût du jour par un certain Eddie Barclay… Impossible de ne pas associer la famille Dion à ce premier album aussi René leur

propose d'assurer les chœurs sur l'une des chansons : *La maison du bon Dieu* !
Dans le second album, baptisé pompeusement « Céline Dion chante Noël », la jeune artiste interprète huit classiques du genre.
Le pari est d'autant plus risqué qu'aucune grande compagnie n'a voulu s'engager dans l'aventure. La popularité de Nathalie Simard, qui a sensiblement le même âge que Céline et chante dans le même registre, rend frileux les grands manitous du disque qui pensent qu'il n'y a pas de place pour deux artistes avec des répertoires aussi proche. René décide d'hypothéquer sa maison et de se lancer seul dans la production, aidé simplement par Eddy Marnay et Denys Burgeon, directeur de la distribution chez Trans-Canada disque.

Une fois l'enregistrement terminé, Céline découvre la nécessité pour une artiste de travailler son image. René la confie à Mia Dumont, la fiancée d'Eddy Marnay, qui devient son attachée de presse et la convainc d'adopter un look de jeune fille sage qui correspond à ses textes. Céline, qui adore la mode depuis sa plus tendre enfance, s'amuse comme une folle à choisir ses tenues. Mais le jour de sa première séance photos, elle refuse de sourire, complexée par une dentition qui, il faut bien le reconnaître, ne l'avantage guère.

Le 9 novembre 1981, « La voix du Bon Dieu » est officiellement dans les bacs ! L'accueil du public est retentissant. Trois semaines plus tard l'album de Noël est commercialisé à son tour. Fin décembre Céline Dion a déjà vendu 300 000 disques. Rapporté au marché québécois, c'est un énorme succès. Céline multiplie les apparitions sur les plateaux télés et se voit régulièrement invitée à chanter l'hymne national lors des plus prestigieux matchs de hockey ! René est en passe de gagner son pari ! En janvier 1982, son artiste signe un contrat avec le label Saisons de Trans-Canada. Lui pense déjà à la prochaine étape : conquérir la France !

Mais avant qu'elle ne s'envole pour Paris, René réserve une surprise de taille à Céline… Pour forger sa ténacité et lui apprendre à se défendre, il embarque la jeune fille dans une tournée québécoise aux côtés de deux artistes très populaires à l'époque, Plastic Bertrand, électron libre au look punk décalé et la rockeuse Nanette Workman, dont on entend la voix sur plusieurs titres des Rolling Stones. Choc culturel et générationnel s'il en est, Céline se demande comment affronter ce public parfois hostile. Comme lors de son premier passage à la télévision, c'est René qui lui donne la force de se battre. Chaque soir avant qu'elle monte sur scène il lui répète qu'elle est la meilleure, que, selon son expression favorite elle va les jeter par terre. Un jour qu'elle proteste que Nanette vient déjà de le faire, il lui répond : « Pas moi. Moi j'attends que toi tu me jettes par terre. Je sais que tu peux ». Depuis ce jour, elle avoue avoir toujours chanté pour une seule personne, René Angélil !

04 - À LA CONQUÊTE DE LA FRANCE

Pendant que Céline fait ses premières armes sur scène au Québec, son parolier et ami, prépare le terrain à Paris. Son manager pense que la conquête du marché français est un passage obligatoire pour la jeune artiste. Il applique la stratégie qu'il avait mis au point pour Ginette Reno et qu'il n'a pas eu le temps d'appliquer.

Eddie Marnay tente donc d'imposer Céline, mais le milieu parisien la compare à Mireille Mathieu : chanteuse à voix, issue d'une famille nombreuse et modeste... Personne ne veut prendre le risque de sortir « La voix du bon Dieu », mais l'éditeur Claude Pascal accepte de co-produire avec René et Eddie un nouvel album, enregistré dans l'hexagone avec une équipe française. Un contrat est signé avec Pathé Marconi/Emi et Céline abandonne sa tournée québécoise pour saisir cette chance incroyable que l'on vient de lui offrir.

Accompagnée de sa mère, de René, mais aussi d'Anne Renée, la femme de celui qui n'est encore que son manager, Céline s'envole pour Paris où Eddie les attend avec de nouvelles chansons.

Dès son arrivée, la jeune artiste se voit imposer des cours de chant. Elle vit très mal cet épisode et doute pour la première fois de son talent : « Quand René m'a dit que je devais suivre des cours de diction et de chant, il a bien fallu qu'il m'explique que les patrons de Pathé Marconi trouvaient que j'avais des défauts à corriger et aucune technique vocale. J'ai pensé alors qu'Eddy et René partageaient leur opinion. J'ai eu beaucoup de peine. On m'a trouvé un professeur, Madame Tosca Marmor, qui avait pour habitude de travailler avec des chanteurs d'opéra. » La première leçon vire au cauchemar… La vieille dame ne laisse rien transparaître. Elle fait répéter inlassablement ses gammes à Céline sans manifester la moindre émotion. L'adolescente, plus habituée aux compliments, encaisse sans broncher, mais son ego, reconnaîtra-t-elle plus tard en prend un sérieux coup. Au fil des jours l'élève et le professeur s'apprivoisent et les leçons deviennent un vrai plaisir. La voix de Céline gagne en maturité et en profondeur. Elle apprend à aller chercher l'émotion au plus profond d'elle-même.

Chaque soir après ses cours, Céline se rend au Family Song, rue d'Hauteville où elle enregistre son troisième album sous la direction du chef d'orchestre Jean-Pierre Dorsay. Au studio, l'ambiance est bon enfant, toute une foule de gens se retrouvent là : des musiciens, des Québécois de passage à Paris, des amis d'Eddie, des gens de la maison de disques… René ne perd pas de vue son objectif et à l'automne 1982, l'album « Tellement j'ai d'amour » est mis en vente. Mais le premier single,

D'amour ou d'amitié, qui sera repris en 2002 par Corneille, ne décolle pas.

C'est une autre chanson de l'album, *Tellement j'ai d'amour pour toi* qui, à cette époque, porte chance à Céline. Ce titre écrit par Hubert Giraud et Eddie Marnay décrit l'amour que porte la jeune star à sa mère. De nombreuses années plus tard, Céline se souvient de l'enregistrement de ce titre comme d'un instant magique : « Je connais bien ma mère, elle n'a pas la larme facile. Mais je la savais très émue, fière de moi et heureuse, contente du chemin que nous avions parcouru. Il m'a semblé que pendant un moment nous avons été très heureux, tous ensemble, dans ce petit studio. »

Grâce aux connaissances d'Eddie Marnay, cette chanson représente la France au Festival Yamaha des Chansons Populaires de Tokyo ! Céline s'envole pour le Japon sans vraiment prendre toute la mesure de ce qui lui arrive ! Elle passe une semaine à répéter inlassablement avec l'orchestre japonais. L'angoisse monte peu à peu et atteint son paroxysme quand elle se retrouve sur scène devant les cinquante mille personnes présentes dans la salle. Elle sait que des millions de téléspectateurs à travers le monde la regardent. Elle ne dispose que de quatre minutes pour convaincre ! Elle décroche le Grand Prix du jury en même temps que l'amour du public Nippon.

En lisant la biographie qu'elle a écrite des années plus tard, on comprend aussi, à demi-mot, que son admiration pour René s'est déjà transformée. Elle relate la conversation téléphonique au cours de laquelle il lui a appris sa participation au Festival Yamaha : « J'avais toujours aimé sa voix, très calme, très feutrée, douce, mais ce soir-là, elle m'a drôlement remuée. Pas seulement à cause de ce qu'il me disait, mais à cause du ton qu'il avait, si proche que j'avais l'impression de sentir son souffle contre mon oreille. C'était un moment de complicité extraordinaire. »
René quant à lui semble convaincu que leurs destins sont liés à jamais puisqu'il termine par ces mots : « Ça va changer notre vie tu verras. »
La jeune adolescente semble totalement sous le charme de son manager, qu'elle vénère d'autant plus qu'il vient lui-même plaider sa cause auprès du Principal pour qu'il accepte que Céline quitte le collège. Quand on connaît le peu d'intérêt de Céline pour l'école, on comprend que René soit à ses yeux un héros !

À son retour du Japon, le Québec tout entier semble s'être donné rendez-vous à l'aéroport de Mirabel pour l'acclamer. Céline devient une véritable icône populaire. Un statut lourd à porter face à un public exigeant qui aura parfois du mal à comprendre les absences de la star sur la scène nationale. Pour eux, elle est devenue une formidable ambassadrice et se doit de promouvoir les valeurs et les spécificités québécoises à travers le monde.

Chez elle, son troisième album est un succès et toutes les salles de concert du pays la réclament mais pour René l'objectif n'est pas atteint, il doit encore travailler au corps le marché français. Il a alors la bonne idée d'emmener Céline Dion à Cannes, au Midem, le festival musical au cours duquel les professionnels du show business se retrouvent pour négocier des contrats et découvrir les futurs talents. En février 1983, il offre donc à la jeune artiste une chance énorme. Consciente de l'enjeu, elle se donne à fond. Elle remporte l'adhésion des professionnels et dès le lendemain *D'amour ou d'amitié* est en rotation sur les cinq stations de radio les plus écoutées de France.
Michel Drucker, sollicité par Eddie Marnay, invite Céline dans Champs-Élysées, l'une des émissions de variétés les plus populaires de l'époque. Avec son sourire et sa gentillesse légendaires l'animateur la présente au public avec ces mots : « Mesdames et Messieurs, vous n'oublierez jamais la voix que vous allez entendre. Alors retenez bien ce nom : Céline Dion ! » Visionnaire Michel...

À partir de ce moment-là, la vie de Céline change radicalement. Elle saute d'un continent à l'autre, dort plus souvent dans une chambre d'hôtel luxueuse que chez elle. Elle enchaîne les interviews, les émissions de télévisions, les concerts. Ses ventes de disques s'envolent. Elle commence à gagner de l'argent. Son existence dépasse ses rêves les plus fous, pourtant Céline ressent parfois une profonde tristesse en songeant à son père et à ses frères et sœurs. Elle apprend à vivre sans eux. Elle confie « Je savais bien que ce ne serait plus jamais pareil entre nous, que désormais je ne ferais plus que passer parmi eux. Je ne menais déjà plus la même vie, je ne vivais déjà plus tout à fait dans le même monde. Et j'étais partie avec le meilleur d'eux-mêmes, avec leur rêve. Je leur avais arraché maman, constamment près de moi, dont j'avais toujours autant besoin. » Depuis qu'elle a quitté l'école, Céline vit entouré d'adultes, encore plus qu'avant, elle n'a ni copine, ni petit ami à qui se confier. Elle raconte sa vie à son journal intime et parle pendant des heures avec Eddy Marnay… À l'inverse des jeunes filles de son âge, elle travaille d'arrache-pied, du matin au soir. Elle ne sait pas ce que les mots « vacances » et « week-end » veulent dire, mais elle semble heureuse. Elle se consacre à la musique et uniquement à la musique. René se charge du reste, des contrats, de la stratégie à adopter, des enregistrements… Un mode de fonctionnement qui perdure et leur réussi plutôt bien.

Entre 1982 et 1985, Céline Dion enregistre pas moins de neuf albums et accumule les récompenses. En septembre 1983 au gala de l'Adisc, l'équivalent des Victoires de la musique, elle décroche quatre Félix dont ceux de révélation de l'année et d'interprète féminine de l'année. C'est une jeune fille en pleurs qui monte sur scène récupérer ses prix. Cette sensibilité à fleur de peau lui vaudra des attaques répétées de la part de bon nombre d'humoristes.

Le 11 septembre 1984, Céline s'avance sur la pelouse du Stade Olympique de Montréal et chante pour Jean-Paul II devant 65 000 personnes ! Quelques semaines plus tard, elle est invitée à Rome pour une audience privée avec le pape. C'est en français qu'il bénit la jeune femme et toute sa famille. Une rencontre qui ne fait qu'accroître son statut de star.

Quelques semaines plus tard, changement d'ambiance radical pour Céline qui assure, pendant cinq semaines, la première partie du show de Patrick Sébastien à l'Olympia ainsi qu'en tournée. Exercice périlleux mais formateur pour la jeune fille, boostée par son manager qui l'incite à « ne pas s'occuper des quelques spectateurs qui auront envie de l'écouter dans la salle mais plutôt de chanter d'abord et avant tout pour ceux qui n'écoutent pas, pour ceux qui ne veulent rien savoir d'elle ». Comme toujours, René a négocié le contrat au mieux, les répétitions sont calées en fonction du planning de Céline et la production s'arrange pour qu'elle puisse participer à une émission de Michel Drucker les 19 et 20 octobre 1984, soit quelques jours avant la première. Pour chacune des dates, elle touche 3500 francs ; une somme plutôt correcte pour l'époque.

René Angélil tient une place de plus en plus grande dans la vie de Céline Dion. À 16 ans, son cœur s'enflamme dès qu'elle l'aperçoit, elle ne se sent bien que lorsqu'il est à ses côtés. Mais la jeune adolescente a le sentiment qu'il ne voit en elle que la chanteuse : « Je ne voulais plus descendre de scène puisque c'était le seul endroit où j'avais l'impression d'exister pour lui. » Parce qu'elle craint la réaction de sa mère, elle lui cache cet amour : « Je n'avais jamais osé lui raconter que je rêvais de lui toutes les nuits » ! Certains affirment pourtant que René nourrissait déjà envers Céline des sentiments bien plus forts qu'il ne voulait le reconnaître et qu'il l'incitait, peut-être inconsciemment, à ne pas s'approcher des jeunes hommes. Pourtant à 16 ans, Céline rencontre un garçon de son âge qui vit à côté de chez sa sœur Claudette. Il devient son premier petit ami, mais une tournée en Europe éloigne la jeune chanteuse deux longs mois du Québec et à son retour il lui avoue qu'il l'a remplacée et qu'il ne l'aime pas. Ce premier chagrin d'amour la blesse profondément mais ne l'empêche pas de flirter dans les mois qui suivent avec d'autres garçons, on lui prête des aventures amoureuses avec différents musiciens et danseurs. À chaque fois son emploi du temps a raison de ces love story d'adolescente jusqu'à ce que son amour pour René soit plus fort que tout les autres.

À son retour au Québec, sa première grande tournée l'attend, mais cette fois elle tient le haut de l'affiche ! René veut imposer Céline comme une artiste complète et incontournable. Sur scène, il lui fait tout chanter pour montrer l'étendu de son talent : « Je faisais du rock, de la berceuse, de l'opéra, du blues... Je chantais le *Mamy blues* de Giraud, *Le train du nord* de Félix Leclerc, des vieux classiques comme *Over the Rainbow*, mon inséparable *What a feeling* mais aussi un air de Carmen... » Ses concerts affichent complets partout et des nouvelles dates se rajoutent en permanence. « On n'en voyait plus la fin. Et on ne voulait plus qu'elle s'arrête, tellement on était lancé et excité » se souvient Céline. La jeune artiste fête ses 17 ans sur scène à Val d'Or en Abitibi. L'équipe qui l'accompagne pendant cette tournée devient sa deuxième famille. Une famille dont René est le pivot central. Il ne cesse de pousser Céline à être la meilleure, à faire mieux que la veille. Pour lui on peut toujours améliorer les choses, il ne faut jamais se reposer sur ses acquis. Il contrôle tout, reste attentif au moindre détail mais n'en oublie pas pour autant sa passion pour le jeu. Il initie les musiciens et les techniciens avec lesquels il passe des heures à jouer aux cartes. Il leur parle de son rêve jamais abandonné de faire sauter la banque grâce à un système de jeu, qu'il peaufine constamment et devrait lui permettre de toujours gagner au black-jack !

Dans le même temps, Anne Renée, la femme d'Angélil commence à trouver le temps long. Son mari voyage beaucoup, il fait des allers-retours incessants entre Montréal et Paris et du coup elle se retrouve très souvent seule avec ses deux enfants. Très proche de Céline au début, elle finit par s'éloigner de la jeune star qui d'une certaine manière lui vole son mari. Une distance qui ne dérange en rien Céline qui avoue : « J'ignorais de moins en moins que j'étais amoureuse ; j'en avais tous les symptômes. Les voir ensemble me déprimait. Je crois que je donnais un moins bon spectacle quand elle était là ».
Anne Renée décide de se lancer elle aussi dans le management et prend sous son aile Peter Pringle, un artiste anglophone avec une forte personnalité qui fait carrière, chose rare au Québec, en chantant à la fois en français et en anglais. À l'époque la rumeur leur prête une liaison qu'Anne Renée a toujours démentie. Mais une chose est sûre elle n'est plus heureuse avec René à qui elle parle ouvertement de séparation. Dans sa biographie, Céline revient sur cet épisode : « Ma carrière et le jeu l'accaparaient chaque jour davantage. Quelques semaines après notre départ en tournée, sa femme lui a signifié qu'elle avait l'intention de le quitter. René est rentré à Montréal dans la nuit, tout seul. La tournée a été interrompue. Pendant quelques semaines, je ne l'ai pratiquement pas vu… »

Pendant l'absence de René pour cause d'ennuis familiaux, les langues se délient autour de Céline qui comprend peu à peu qu'elle a vécu jusqu'alors dans une bulle, inconsciente des enjeux financiers qui l'entourent. Avec ses premiers cachets, elle s'est offert une jolie maison à Duvernay, qu'elle partage avec ses parents, des fourrures, des chaussures et même une voiture... Elle découvre que René a hypothéqué sa propre maison pour financer son premier album, que par la suite il a réinvesti dans un autre disque tous les profits engrangés plutôt que de rembourser cette hypothèque... Ces révélations transforment Céline qui prend conscience de l'importance qu'elle a prise dans la vie de cet homme, qui a tout sacrifié pour elle. Son attachement et son amour pour lui n'en sont que renforcés, mais l'attitude de René à son égard ne change pas pour autant. Autour d'eux pourtant tout le monde prend conscience des sentiments de Céline. Sa mère en premier lieu qui veille à ce que ce quelle considère sans doute comme une tocade d'adolescente ne la blesse pas et n'entrave pas sa carrière. L'attitude de la jeune femme attise les rumeurs et la presse à scandales, très active au Québec, commence à parler d'une liaison entre elle et René : « Les journaux se sont mis à faire des sondages d'opinion auprès des lecteurs. Beaucoup de gens se disaient choqués à cause de notre différence d'âge ou considéraient que René avait abusé de son autorité et de son pouvoir de manager... »
Céline est plus désespérée par le fait que toutes ces histoi-

res soient fausses que par leur publication ! René au contraire, même s'il n'en parle jamais, est profondément troublé par ces rumeurs comme si elles lui ouvraient les yeux. Il s'inquiète aussi de la réaction du public face à ces ragots. Avec le recul, Céline reste persuadé qu'ils leur ont fait « perdre beaucoup de temps d'amour ». Pour elle, il est évident qu'à cette époque René partage ses sentiments. Elle se souvient qu'il semblait subjugué par sa présence : « Il aimait être avec moi, c'était évident. Il aimait me parler. Il m'aimait, j'en étais sûre… »
Mais René, qui lutte pour sauver son mariage, refuse l'amour de sa jeune protégée de façon maladroite. Un soir à Paris, sans doute à la demande de Thérèse, il explique à Céline qu'ils doivent briser la familiarité qui existe entre eux. Cette déclaration la plonge dans une douleur extrême mais elle a la force de lui lancer comme un défi : « Je sais que tu m'aimes René Angélil. Si tu ne m'aimes pas je veux que tu me le dises. Sinon je ne te croirais jamais ». Il est incapable de lui répondre et d'accéder à sa demande. De retour à l'hôtel ce soir-là, Céline s'effondre. Sa mère, pour la première fois de sa vie, ne lui est d'aucun secours. Pire, elle est à ses yeux en partie responsable de son malheur. Les premières disputes éclatent entre elles. Thérèse en veut à René qui à ses yeux a trahi sa confiance. Dans une lettre qu'elle lui adresse à cette période, elle a des mots très durs à son encontre : elle lui confie qu'elle « voulait un prince pour sa princesse et non un homme deux fois divorcé et

deux fois et demie plus âgé que sa fille. »
En décembre 1985, Anne-Renée demande le divorce et exige la garde des enfants. Cette décision aurait, selon elle, provoqué une montée de violence chez son mari qui l'aurait amenée à alerter la police pour l'aider à quitter le domicile. René aurait aussi menacé de lui couper les vivres et de tout faire pour ne pas avoir de pension alimentaire à lui verser… Pour se remettre de ses émotions, il se serait rendu à Las Vegas pour une petite virée casino !
Céline vit très mal cette période d'instabilité. Elle assiste impuissante aux tentatives de l'homme qu'elle aime pour reconquérir sa femme. Pendant un temps, il délaisse la famille Dion pour se consacrer à la sienne et n'est présent aux côtés de Céline que lorsque que le travail l'exige. Mais malgré cette tentative de réconciliation, le divorce est prononcé le 3 mars 1986. L'absence de René au tribunal fait la Une des journaux.

Céline vient d'enregistrer, sans grand enthousiasme, son dixième album « C'est pour toi » qui ne remporte pas un grand succès. Contrairement à son habitude, René ne se presse pas pour organiser la campagne de promotion, ne prend aucun engagement pour des concerts et décide de mettre Céline au repos forcé. Ce joueur invétéré croit pardessus tout à la loi des séries. Il sent qu'il n'a plus la main, que la chance l'abandonne et, face au désarroi de la jeune femme, il lui expose sa théorie : « Je suis dans une mauvaise passe. Plutôt que de faire des erreurs, je me retire. Et toi tu vas t'arrêter aussi pendant quelques mois, un an même, s'il le faut. Tu as fait tes preuves. Personne ne t'oubliera. Tu vas continuer à apprendre. Quand on repartira, ça sera big, ce sera pour aller loin, tu verras… »

Un peu angoissée à l'idée de quitter le devant de la scène, Céline se plie aux volontés de son manager à qui elle voue une confiance entière pour transformer l'essai et l'emmener au bout de son rêve !

05 LE RÊVE AMÉRICAIN…

Malgré les difficultés qui l'assaillent, René Angélil garde la tête froide. Conscient que ses finances ne sont pas au beau fixe, il sait qu'il devient urgent pour lui, comme pour Céline, qu'il signe un contrat avec une « major » compagnie. Il sait aussi que s'il veut vraiment décrocher le gros lot il doit offrir l'Amérique à sa petite protégée …
Dans ce contexte, sa décision de lui imposer une pause semble mûrement calculée. Cette « retraite » médiatique doit permettre à la jeune fille de devenir une femme et d'acquérir une véritable stature de star internationale.

Pour plaire à celui qu'elle aime en secret et parce qu'elle est elle aussi dévorée par une saine ambition, Céline suit une formation intensive d'anglais chez Berlitz. Elle travaille son accent et son vocabulaire sans répit neuf heures par jour, cinq jours par semaine pendant deux mois : « Par moments, c'était l'horreur. Je ne comprenais plus rien, je bafouillais, mes idées s'embrouillaient. Et puis soudain tout redevenait clair et intelligible. Je découvrais un nouveau sens à des chansons que je connaissais depuis ma tendre enfance… ».
Elle se perfectionne en chant et tente d'abandonner définitivement ce son nasillard qui l'handicape encore.
Elle profite de ce break voulu par René pour changer de look et même de physique. Ses cheveux sont confiés à

Frédéric Fekkai, le coiffeur de Madonna, ses tenues sont remises au goût du jour et son corps se muscle grâce à des heures de cours de danse ! Terminés aussi le menton proéminent et les dents trop longues ; Céline va chez l'orthodontiste qui lui redonne l'envie de sourire ! Mais en attendant, contrairement à Tom Cruise quelques années plus tard, Céline n'a aucune envie d'être vue avec ses bagues sur les dents. Elle reste le plus discrète possible. Son absence ne passe pas inaperçue et engendre un lot impressionnant de rumeurs. On la dit enceinte, sur le point d'accoucher dans le plus grand secret, prête à abandonner son enfant. On parle un jour d'une cure de désintoxication, le lendemain d'une entrée au couvent, le surlendemain d'un mariage avec René à Las Vegas… La presse people québécoise se déchaîne !

Céline se moque de ces ragots la seule chose qui lui pèse pendant cette période c'est l'absence de son manager, trop souvent éloigné de Montréal à son goût. Après un malaise cardiaque survenu début 1986 alors qu'il joue au golf à Saint-Adèle, l'homme s'est en effet installé provisoirement au Caesar's Palace ! Déjà ! C'est donc, de sa chambre d'hôtel, qu'il prend les contacts nécessaires pour parvenir à un accord avec CBS, la maison de disques de Michael Jackson rien de moins ! Il parvient à signer un contrat pour un album en français et un en anglais.

Céline ne peut pas se contenter d'un retour en demi-teinte. Son répertoire doit évoluer et pour cela René

décide de faire appel à Luc Plamondon, l'auteur de *Starmania* et de nombreux tubes pour Diane Dufresne et Julien Clerc. Ce dernier hésite puis se laisse convaincre et écrit deux chansons pour Céline : *Incognito*, qui donne son titre à l'album, et *Lolita*. Eddie Marnay reste malgré tout dans la « famille » et signe cinq morceaux sur cet album. Oubliées les mélodies sirupeuses des premières années, le son est plus pop et les textes, à l'image de leur interprète, plus matures.
Pour célébrer le retour de Céline sur le devant de la scène, René organise une soirée ultra médiatisée dans la discothèque la plus branchée de Montréal et lance dans la foulée une grande tournée, de quarante-deux dates à travers le Québec. Les billets s'arrachent comme des petits pains... Les radios rock, les plus réticentes, qui hier encore ignoraient les titres de la jeune artiste, les programment désormais.

La sortie de l'album « Incognito » en France entraîne un léger froid entre le team Dion/Angélil et Luc Plamondon dont les deux titres sont tout bonnement remplacés par deux autres d'Eddie Marnay. Le parolier historique de Céline sait convaincre son vieux complice qu'une chanson comme *Lolita* risque de choquer le public. Difficile à digérer aussi pour la jeune interprète qui ne comprend pas les critiques du milieu parisien : « J'avais l'impression que l'on n'acceptait pas la chanteuse pop que j'avais envie d'être. On n'acceptait pas que j'aie changé. Je découvrirais plus tard que c'était les industriels du disque, avec qui nous travaillions à l'époque qui, selon moi, avaient manqué de jugement, d'audace et d'imagination. »

Sur un plan plus personnel, Céline, toujours follement amoureuse de René, et aussi entêtée que lui, ne désespère pas de le séduire. Des années plus tard, elle confie : « Un jour, enfin, j'ai vu que je l'avais réellement troublé. Pour la première fois, j'ai senti qu'il posait sur moi le regard d'un homme qui désire une femme, et plus seulement le regard de l'impresario sur son artiste. À partir de ce moment-là, j'ai travaillé à le troubler chaque fois que j'en avais l'occasion ! » Mais malgré l'émoi que provoque Céline chez lui, René résiste, sans doute par peur des réactions du public et de la famille Dion. Céline souffre d'ailleurs de l'hostilité de sa mère face à cet amour qui la submerge. Un jour, elle ose enfin lui parler : « Je l'aime pour de vrai. Pour la vie » lui avoue-t-elle avant de fondre en larmes. La réaction de Thérèse qui la prend dans ses bras pour la consoler en lui disant « Je te crois mon bébé » rassure la jeune femme : « J'ai compris qu'elle ne s'opposerait plus à mon projet. Elle avait admis que ma passion pour René n'était pas une passade. À partir de ce jour, tout a changé. »
Même si leur amour reste platonique, le couple est obligé de se cacher dira Céline plus tard. Plus personne ne doute en effet qu'ils sont amoureux. Tout le monde tente de les

surprendre. Comme souvent, cette clandestinité les rapproche un peu plus et renforce leur désir...

Malgré l'indifférence du Canada anglophone, René reste persuadé qu'il pourra faire de son artiste une star internationale. L'argent que CBS gagne avec « Incognito » représente une sérieuse possibilité d'investissement à long terme pour mener à bien le plan de carrière qu'il a établi pour Céline.

Toutes les grandes maisons de disques ont pour habitude d'organiser chaque année une convention durant laquelle les nouveautés sont présentées à la force de vente mais aussi aux dirigeants des différentes filiales à travers le monde ainsi qu'à tous les décideurs que compte le show business. En juillet 1987, CBS invite tout ce petit monde dans un grand hôtel des Laurentides. Après ses deux titres en français, Céline reçoit un accueil poli mais rien de plus. Pourtant René Angélil a eu une idée de génie. La star de la convention s'appelle Dan Hill, dont le duo avec Ronda Sheppard, *Can't we try*, est alors sur toutes les lèvres. Apprenant l'absence de cette dernière, René use de son pouvoir de persuasion pour imposer Céline comme remplaçante. Il convainc le manager de la star américaine de garder l'information secrète pour ménager le suspense. Comme à son habitude, il motive Céline en lui répétant sans cesse : « Si tu ne fais pas lever la salle, on retourne à la case départ et on y restera un joli bout de temps. » Le

challenge est audacieux mais réussi. Céline se donne à fond, elle met toute son ambition et toute sa rage dans ce duo et remporte l'adhésion de ce public de professionnels si difficile à atteindre.
Quelques semaines plus tard, elle est invitée à Toronto à la cérémonie des Juno, l'équivalent des victoires de la musique canadienne. Même si « Incognito » reste inconnu dans le Canada anglophone, les ventes québécoises sont telles, qu'il est l'album le plus vendu du pays ! Habituellement les artistes interprètent leur plus gros tube mais René entend bien profiter de cette tribune pour attirer l'attention sur Céline. Pas question non plus qu'elle fasse une simple reprise, il suit les conseils de Vito Luprano, directeur artistique de CBS, et choisi pour elle la version anglaise de *Partout je te vois*, *Have a heart.* La musique, signée Aldo Nova, présente l'énorme avantage de sortir Céline de son registre habituel et lui offre la possibilité d'exploiter toutes les facettes de sa voix.
Ce soir-là, en direct, Céline Dion parvient enfin à toucher le public anglophone. Son succès est tel que CBS accepte de mettre une très grosse somme d'argent sur la table pour l'enregistrement de l'album en anglais.
À l'époque, la star des réalisateurs s'appelle David Foster. Installé à Los Angeles, son nom apparaît sur les albums de Barbara Streisand, Toni Braxton, Frank Sinatra… Producteur, réalisateur, arrangeur, parolier, ce touche-à-tout de génie ne travaille qu'avec des pointures. Le rêve

ultime de René serait qu'il accepte de réaliser l'album de Céline !

Mais avant cela, la tournée « Incognito » l'attend. Céline parcours les routes du Québec avec un immense bonheur. Chaque soir, elle présente au public un show bien rodé dans lequel elle n'hésite pas à se moquer d'elle-même et à parodier ses aînés, Julien Clerc, Fabienne Thibault et même Michael Jackson ! Ces concerts lui permettent de devenir la bête de scène qu'elle est aujourd'hui. Elle apprend à maîtriser ses émotions comme celles de la foule et à dominer son public.

Cette belle machine lui permet aussi de séduire Carol Reynolds, responsable des variétés pour le réseau anglais de Radio-Canada qui décide de produire un show télé dont Céline serait l'invitée principale. Au cours du dîner où l'on évoque cette émission, Céline parle de son projet d'album anglais avec la productrice et lui avoue qu'elle aimerait beaucoup que David Foster fasse partie de l'aventure. Heureux hasard, Carol Reynolds le connaît bien et propose de jouer les intermédiaires ! Quelques jours plus tard, l'homme prend contact avec René Angélil. Pour lui, Céline a le petit plus qui fait les grandes stars. Il accepte de travailler pour elle ! Mais pas avant six mois ; son emploi du temps ne le lui permet pas ! Céline trépigne d'impatience. À cette époque déjà l'ambition de son manager a déteint sur elle et elle se montre aussi volontaire que lui dans l'envie de conquérir le monde.

Qu'à cela ne tienne un autre défi attend la jeune star… En 1988 on propose à Céline de représenter la Suisse à l'Eurovision avec la chanson *Ne partez pas sans moi*, de Nella Martinetti et Attila Sereftung. Elle s'envole donc pour Dublin où se déroule le concours et décroche la première place. Six cents millions de téléspectateurs assistent à cette victoire et découvrent le visage baigné de larmes de la gagnante !
Nous sommes le 30 avril, Thérèse opérée à cœur ouvert quelques semaines plus tôt, ne peut pas être du voyage. Céline et René se retrouvent donc seuls, loin de Montréal pour la première fois… La jeune femme entend bien profiter de la situation. Elle raconte avec beaucoup de tendresse la manière dont les choses se sont passées : « J'ai pris sa tête dans mes mains et je l'ai embrassé sur les lèvres. Je me suis pendue à son cou… Il m'a serrée très fort dans ses bras. Il s'est enfui dans sa chambre. Je suis restée toute seule, le cœur battant, tremblante, soufflée. Je savais que j'avais gagné. » René l'appelle quelques minutes plus tard : « Si tu veux, je serai le premier ». « Le premier et le seul » répond celle qui vient de s'offrir à lui pour la vie !

C'est donc main dans la main que Céline et René s'apprêtent à livrer la nouvelle bataille qui les attend ! À cette époque, elle est sous l'emprise totale de l'homme qu'elle aime. Elle accepte tout de lui, même qu'il lui dicte son comportement. Parce qu'il a peur que cela nuise à sa carrière, il interdit à Céline de révéler leur liaison à la presse. Elle souffre de ce silence et des mensonges qu'elle doit inventer : « Par amour, justement, parce qu'il me le demandait, pour lui plaire, j'ai accepté de me taire. Beaucoup trop longtemps, cependant. » Cinq ans...

La fin de l'année 1988 et une bonne partie de 1989 sont consacrées à la préparation du premier album anglais de Céline Dion. Avec l'aide du directeur artistique de CBS, René et Céline sélectionnent des chansons puis s'exilent à Malibu. Ils s'installent dans une maison, tout près de chez David Foster, où en plus de travailler d'arrache pied, ils peuvent enfin vivre une vie de couple presque normale. Mais les choses ne sont pas aussi simples que la légende veut bien le dire... Quand Bernie DiMatteo est remplacé par Paul Burger, ils perdent leur principal allié chez CBS Canada qui doit pourtant se battre constamment pour imposer les titres à la filiale américaine, toujours pas convaincue par ce qu'elle entend. Un seul titre fait l'unanimité *Where Does my Heart Beat Now.* Pour le reste, on fait et on refait sans cesse. La maison de disques leur impose de ne pas travailler exclusivement avec David Foster. Céline et René voyagent beaucoup. À New York, l'enregistrement se passe sous la direction d'Andy Goldmark et donne naissance à *Unison*, un titre dance pensé pour la scène. À Londres c'est Christopher Neil qui se charge des arrangements de *Where Does my Heart Beat*

Now. Pour la première fois de sa déjà longue carrière, Céline est consultée sur la couleur musicale qu'elle souhaite donner à la chanson : « C'était très nouveau pour moi. J'ai été assez déstabilisée au début. Savoir ce que l'on veut et ce que l'on aime n'est pas toujours simple. Surtout quand, pendant des années, on a toujours laissé les autres choisir à sa place. »
Après de nombreux allers-retours entre Montréal, Londres et les États-Unis, « Unison » sort enfin dans les bacs le 2 avril 1990. Tout le show business et tous les médias se pressent au Métropolis à Montréal pour la grande fête organisée à cette occasion. L'unanimité se fait une nouvelle fois autour de *Where Does my Heart Beat Now.* On reproche cependant à Céline le manque d'adéquation entre ses chansons et son âge. Certains voient dans le choix des titres la trop forte influence de René Angélil sur la jeune femme.

1990 n'est pas seulement l'année de la sortie du premier album anglais de Céline, c'est aussi celle de sa première apparition dans une mini série télévisée intitulée *Des fleurs sur la neige.* Le 9 mars, les téléspectateurs de Radio-Canada, découvrent le premier des quatre épisodes, retraçant le drame d'une jeune femme martyrisée et violée par ses parents. Le téléfilm montre comment elle parvient à se reconstruire malgré ses souffrances. Quand elle découvre le scénario, adapté de la biographie d'Elisa T., Céline est touchée par l'histoire et fière, sans aucun doute, que l'on pense à elle pour incarner l'héroïne. René, lui ne partage pas son enthousiasme. Il refuse même qu'elle enregistre la chanson du générique. Il tente de la persuader de refuser le rôle, mais cette fois elle lui tient tête. L'accueil est plutôt mitigé. Céline ne s'attire pas les foudres de la critique, mais elle ne récolte pas non plus de compliments. Cette première expérience n'est pas à proprement parler concluante et il faudra de très longues années avant qu'elle envisage à nouveau de tenter une aventure cinématographique…

À la même période, le couple se lance dans la restauration. Difficile de comprendre ce qui pousse bon nombre d'artistes à investir dans un domaine aussi éloigné du leur et qui nécessite de sérieuses connaissances. Très peu d'ailleurs sont ceux qui réussissent. De Britney Spears à Johnny Hallyday tous se sont lamentablement plantés ! René Angélil s'associe à Paul Sara, son cousin, qui détient déjà des parts dans différents restaurants. Ensemble ils lancent une chaîne de fast-food, Nickels, inaugurée le 5 décembre 1990 à Saint-Laurent. La légende veut que l'uniforme des serveuses ait été dessiné par Céline, qui s'investit à chaque nouvelle ouverture de restaurant en accueillant les premiers clients sous l'œil amusé des journalistes ! Une trentaine de Nickels fleurissent au cours des années qui suivent. Une déco, résolument inspirée des années 50, et une

cuisine variée sont sans doute la clé de leur réussite. C'est en tous les cas, une jolie façon de diversifier les investissements des Productions Feeling Inc dans lesquelles Céline et René sont associés. En 1999, le fisc soupçonne certains établissements de dissimuler une partie des recettes. La presse parle de 134 millions de dollars détournés. Pour tout commentaire, un communiqué informe les journalistes que la chanteuse et son manager ne sont plus propriétaires depuis 1997… Pourtant, aujourd'hui encore leurs noms restent liés à l'enseigne et sur le site www.montrealplus.ca, guide touristique on ligne, on peut lire : « Céline Dion, l'une des chanteuses connaissant le plus de succès dans le monde, ainsi que son mari René Angelil sont copropriétaires de la chaîne » et un peu plus loin
« Essayez le délice aux pommes, le gâteau biscuit et crème, ou encore, le populaire gâteau au chocolat de Céline. Vous pouvez même commander le classique banana split, un sundae, les brownies ou une crème glacée avec fudge. Qui sait, peut-être que votre repas sera marqué par une visite surprise de Céline! »

Durant l'été 1990, la convention annuelle de Sony-International, dont dépend le label CBS, se déroule à Québec ! René ne peut pas passer à côté d'une si belle occasion. Il transforme la salle de bal du Château Frontenac, un très bel hôtel dont l'architecture imposante domine la ville, en salle de concert et installe une sono ultra puissante. Céline doit se produire en début de matinée. Elle sait qu'elle aura devant elle une salle encore endormie et un seul titre pour convaincre. Elle se souvient des mines fatiguées des dirigeants de Sony : « Je leur ai chanté *Where Does My Heart Beat Now* alors qu'ils prenaient leur deuxième café. Pendant un long moment, ils ont eu l'air paralysé. Ma chanson terminée, je suis restée plantée devant eux. Rien pendant quelques secondes... Puis ils ont explosé. Ils se sont levés comme une masse et m'ont fait une ovation. » Le lendemain, la sortie de l'album aux États-Unis est avancée. Pour assurer une visibilité maximale à l'artiste, la maison de disques parvient à décider Jay Leno de recevoir Céline dans le prestigieux *Tonight Show* suivi par des millions de téléspectateurs ! L'enregistrement a lieu sur la côte ouest à Los Angeles où Céline et René savourent leur plaisir en voyant l'album « Unison » côtoyer ceux de George Michael et des New Kids on the Block dans le plus grand magasin de disques d'Hollywood. Pour la promotion, CBS a retenu la phrase de Michel Drucker et les Américains peuvent donc lire sur les calicots promotionnels : « *Remember the name, because you will never forget the voice !* » Après son passage chez Jay Leno, les radios canadiennes commencent à diffuser le titre et Céline touche enfin le Canada anglophone !

Le succès de l'album n'est peut-être pas aussi important que prévu aux États-Unis, mais qu'importe, *Where Does*

My Heart Beat Now reste classé de nombreuses semaines au Billboard, le classement des 100 meilleures ventes de single, et parvient même à se hisser à la quatrième place le 2 mars 1991.

Avant de parcourir le Canada, le Japon et la France, Céline débute sa nouvelle tournée chez elle au Québec. Ici la star se sent en confiance ; elle connaît bien son public et ne va pas tarder à découvrir qu'elle peut compter sur lui !
Au cours du troisième concert donné à Sherbrooke à l'automne 1990, la voix de Céline l'abandonne. Elle est obligée de quitter la scène en plein spectacle. Lorsque René monte sur scène expliquer ce qui se passe et assurer les gens qu'ils seront remboursés les fans de la chanteuse se lèvent et l'applaudissent avant de quitter la salle.
Ce drame la plonge dans une angoisse terrible : « C'était le vide, le noir total. J'avais l'impression de souffler dans un ballon crevé. J'ai cru sur le coup que ma voix ne me reviendrait jamais, ou qu'elle me reviendrait toute défaite, changée, méconnaissable ».

Deux semaines plus tard, à Montréal, les grands patrons de CBS et les plus gros producteurs de spectacles américains doivent assister au concert de Céline. L'enjeu pour René est de taille, il doit leur montrer les capacités de Céline sur scène et les inciter à monter un spectacle aux Etats-Unis… La chanteuse doit absolument récupérer pour être au top ce soir-là ! Elle consulte le meilleur spécialiste québécois, le docteur Marcel Belzile qui lui explique que si ces cordes vocales sont en mauvais état, elle est la seule responsable ! Si elle n'offre pas de repos à sa voix, l'opération est inévitable et elle risque d'entraîner un changement de timbre irrémédiable ! La jeune femme découvre que ses pires ennemis sont la fumée, la poussière, les microbes mais aussi le stress et la fatigue ! Le médecin lui explique qu'elle a trop forcé, qu'elle n'a pas travaillé correctement et qu'il faut qu'elle soit extrêmement vigilante à l'avenir.

Pour lui permettre de reprendre ses concerts il accepte de lui donner des médicaments, un mélange de cortisone et de xylocaïne qui peut s'avérer excessivement dangereux si l'on en abuse.

Céline a retenu la leçon. Elle est décidée à changer son rythme et ses habitudes de vie, mais surtout à « réapprendre à chanter, retourner à la case départ et s'il le faut refaire ses gammes les plus élémentaires. »

Après deux jours de silence forcé, elle remonte sur scène, mais s'impose de ne plus parler entre chacune des représentations pour reposer sa voix meurtrie. La presse alertée parle d'épuisement et prédit la fin de sa carrière... Dans ce contexte difficile, Céline et René savent que le concert de Montréal est primordial pour la suite. Deux jours après avoir refusé le Felix d'interprète anglophone de l'année pour préserver son image auprès des Québécois très attachés à la langue française, elle doit prouver aux décideurs américains qu'elle veut plus que tout conquérir leur marché et qu'elle en est capable !

La chanteuse profite du break des fêtes de fin d'années pour se rendre à New York consulter un spécialiste mondial de la voix, le docteur Gould. Il pense que l'opération est quasi inévitable sauf si Céline accepte de se taire pendant trois semaines ce qui lui permettrait ensuite de suivre un traitement moins dangereux sans aucune intervention chirurgicale. La décision est prise sans hésitation et la jeune femme sort du cabinet sans prononcer une parole ! Elle traverse alors une période difficile et solitaire. Elle s'isole aux Bermudes et communique avec René par écrit. À la mi-janvier, son médecin se montre confiant et fier d'elle. Il confie sa patiente à son confrère William Riley. Pour Céline c'est une nouvelle épreuve : « Ce fut un long travail, à la fois pénible et merveilleux. Il se jetait littéralement sur moi, il me plaquait de tout son poids contre le mur et il me faisait faire des gammes. Ou il me plaçait dans des positions vraiment inconfortables et je devais chanter avec naturel… » En plus de ces séances, l'élève se voit contrainte à une série d'exercices quotidiens qu'elle accepte sans rechigner. Mais le pire c'est que les veilles de concert ou d'enregistrement, elle doit rester silencieuse. Pourtant il n'est pas question qu'elle renonce à son rêve même si le médecin lui avoue que les résultats ne seront

pas audibles avant au moins cinq ans ! Dans cette épreuve, Céline se montre très déterminée et prête à tous les sacrifices. On a l'impression qu'il existe une sorte d'émulation permanente entre René et elle. À cette période, on peut vraiment dire qu'ils ne sont jamais inactifs. Pendant qu'elle travaille sa voix, René décroche des dates de spectacles, des émissions de télévisions, des interviews... Pour lui, son artiste doit être en permanence dans l'actualité.
Début 1991, la tournée nord-américaine de Céline dépasse pour la première fois les frontières du Québec et elle part à la rencontre du public canadien. De Calgary à Vancouver elle chante un peu partout dans le pays. Si elle se produit d'abord dans des petites salles, son passage dans l'autre émission emblématique américaine, le *Late show* de David Letterman, lui confère un statut de star qui lui permet de passer à la vitesse supérieure.
Dix ans après la première apparition télévisée de Céline Dion dans l'émission de Michel Jasmin, René Angélil, fort du succès de son artiste, décide d'organiser un grand spectacle au Forum de Montréal pour fêter cet anniversaire. Le show revient sur ces dix années d'une carrière déjà bien remplie grâce notamment à un montage vidéo. Pour le préparer, le couple se plonge dans les images d'archive et la star redécouvre la jeune fille de treize ans qu'elle était : « Elle m'a touchée par sa naïveté. Je retrouvais dans sa voix, dans ses yeux, même dans la maladresse de ses paroles, la ferveur et la fraîcheur de son rêve, de mon rêve ! »

Le 19 juin, celle qui est en passe de gagner son pari en devenant une star internationale, chante devant des milliers de fans, accompagnée par l'Orchestre symphonique métropolitain. La communion avec son public est totale. Au moment des rappels, Céline revient sur scène arborant fièrement le maillot de l'équipe de hockey du Canada et le drapeau du Québec. Ce clin d'œil, qu'elle doit à René, lui permet d'enflammer la foule et de réconcilier pour quelques minutes indépendantistes et fédéralistes !

Après cette grand-messe québécoise René et Céline se lancent dans une nouvelle aventure. En septembre 1991 elle enregistre à Paris, dans le studio de Michel Berger Boulevard des Batignolles, un album composé exclusivement de chansons de Luc Plamondon. Pour la première fois, la jeune femme décide seule des morceaux qu'elle souhaite interpréter. René lui fait de plus en plus confiance dans ses choix artistiques et avec CBS, il se consacre à la promotion du disque. Avec *Le monde est stone*, *Le blues du businessman*, *Les uns contre les autres* et *Un garçon pas comme les autres*, l'opéra rock *Starmania* figure en bonne place dans le tracklisting. Cet album, appelé « Dion chante Plamondon » au Québec et « Des mots qui sonnent » en France, tombe à pic pour rassurer le public francophone et lui prouver que Céline ne l'a pas oublié.

06 A STAR IS BORN !

Cette première incursion dans le monde anglophone a permis à Céline de s'imposer dans tout le Canada et d'obtenir un début de notoriété aux États-Unis ; elle doit maintenant transformer l'essai pour devenir la star internationale qu'elle a toujours rêvé d'être !

Pour parvenir à ses fins, René Angélil décide de jouer la carte de Hollywood… Il sait que placer un titre sur une bande originale peut rapporter gros, en termes d'argent mais aussi de popularité ! Par un heureux hasard, Steven Spielberg l'appelle pour proposer à la chanteuse d'interpréter la chanson du dessin animé *Les aventures de Fievel* mais une mésentente entre les maisons de disques CBS et MCA, qui doit produire l'album, empêche le projet d'aboutir. C'est finalement avec Disney qu'il signe un accord pour que son artiste enregistre le thème principal de *La belle et la bête* en duo avec Peabo Bryson. Le titre enregistré au studio Power Station à New York, connaît un immense succès et permet à son interprète de remporter le Grammy award du meilleur duo ainsi que l'Oscar de la meilleure chanson de film de l'année !
Le 30 mars 1992, jour de son vingt-quatrième anniversaire, Céline Dion a l'immense bonheur de chanter sur la scène du Dorothy Chandler Pavilion de Los Angeles devant un parterre impressionnant de stars. Cette cérémo-

nie de remise des Oscars reste pour elle un souvenir inoubliable. Comme à son habitude, son manager n'a pas hésité à lui mettre la pression. Elle arrive pétrifiée de trac le jour J, abrutie par les antibiotiques prescrits par son médecin à cause d'une inflammation des amygdales et plus impressionnée par toutes les personnalités présentes que par les millions de téléspectateurs qui suivent le show : « Ils étaient tous là : Elizabeth Taylor, Tom Cruise, Barbara Streisand, Liza Minnelli, les plus grandes stars du monde, toutes ces idoles que j'avais toujours rêvé de rencontrer. Je chantais pour elles. Elles m'ont applaudie, elles me reconnaissaient comme l'une des leurs. »
Ce soir-là, la petite fille de Charlemagne prend conscience du chemin parcouru et de l'impact de cette cérémonie sur sa carrière : « J'étais désormais une personne visible, reconnue. Trois mois plus tôt, j'aurais été, dans cette salle de bal, une fille parfaitement invisible. »
Les Oscars lui permettent aussi de croiser celle dont la carrière a toujours été un modèle, Barbara Streisand. Devant elle, Céline redevient une groupie : « Mes yeux ont croisé les siens et elle m'a fait un petit salut de la tête, un sourire. J'ai failli m'évanouir d'émotion ! »

Céline Dion peut aussi compter sur son deuxième album en anglais pour asseoir sa notoriété aux États-Unis. Sobrement intitulé « Céline Dion », ce nouvel opus sort au lendemain des Oscars. Si l'enregistrement d' « Unison

» avait été chaotique celui-ci a été d'une facilité déconcertante. La production a été confiée à Walter Afanasieff, qui a travaillé avec Whitney Houston et Mariah Carey. Parmi les autres signatures présentes sur cet album, celle de Prince ne passe pas inaperçue. *Whith This Tear*, le titre qu'il a offert à la chanteuse remporte un vif succès. Mais on retrouve aussi Diane Warren, qui a composé *Love Can Move Mountains*, et Kenny G, saxophoniste de renom dont l'album « Breathless » cartonne. Formaté pour le marché américain, le succès semble inévitable et Céline aborde avec une certaine sérénité la promotion, mais la vie est pleine d'imprévus...

Un mois seulement après les Oscars, Céline et René sont de retour à Los Angeles. Ils s'installent à l'hôtel Four Seasons où ils décident de s'offrir quelques jours de repos. Le 30 avril, alors qu'ils prennent le soleil au bord de la piscine, René se sent mal et décide de remonter dans sa suite. Quelques minutes plus tard, inquiète, Céline l'appelle pour prendre de ses nouvelles. Alarmée par sa voix haletante et ses difficultés à respirer, elle se précipite dans la chambre où l'homme d'affaires vient de subir un deuxième malaise cardiaque. Transporté d'urgence au Cedars Sinaï Hospital, son état est jugé sérieux par les médecins. Ses enfants sont appelés à son chevet et il reste hospitalisé trois semaines. Pour Céline, le choc émotionnel est trop fort pour qu'elle puisse passer sous silence cet

incident, même si René souhaite que son état de santé ne fasse pas la Une des magazines. À l'époque leur liaison reste secrète et quand on interroge la chanteuse, elle répond invariablement qu'elle ne peut pas dévoiler le nom de celui qui fait battre son cœur. Cette fois elle avoue publiquement avoir eut très peur de perdre l'homme qu'elle aime.
Céline se sent désemparée, elle voudrait tout annuler, mettre en stand-by la promotion de son nouvel album pour rester aux côtés de l'amour de sa vie, mais lui ne l'entend pas ainsi. Elle confie plus tard que c'est par ces mots qu'il a su la convaincre : « Même si j'étais mort, je voudrais que tu continues. Si j'étais mort et que tu t'arrêtes, comme ça, en pleine course, je mourrais deux fois. »
Alors pour la première fois de sa carrière, Céline Dion va devoir se débrouiller seule ! Elle s'envole d'abord pour Monaco où se déroulent les World Music Awards puis enchaîne une longue tournée promotionnelle à travers toute l'Europe. Malgré un planning chargé, elle ne peut s'empêcher d'appeler René plusieurs fois par jour pour savoir comment il va, vérifier qu'il suit les consignes des médecins : du repos, un régime strict et un peu d'exercice physique chaque jour… À son retour, elle découvre que ce bourreau de travail incorrigible lui a menti et qu'il n'a pas arrêté une seconde. Une fois la peur de mourir passée, il a vite repris son rythme de vie habituel !

Très vite, il accompagne de nouveau Céline dans tous ses déplacements et c'est ensemble qu'ils se rendent à Séville pour l'Exposition Universelle où elle doit chanter le 1er juillet 1992, jour de la Fête Nationale du Canada. La star fait ce jour-là les frais de sa jeunesse. Lors de la conférence de presse qu'elle donne avant son concert, un journaliste lui demande ce qu'elle pense du mouvement indépendantiste québécois. Prise de court, elle répond spontanément qu'elle est contre les frontières. Le lendemain, la presse se déchaîne et l'artiste se retrouve au cœur d'une polémique qui perturbe la vie publique et politique canadienne depuis de nombreuses années... Le Premier Ministre canadien, farouche adversaire des nationalistes, félicite Céline, conspuée par une partie de l'opinion publique québécoise. Attristée, elle tente de se justifier auprès des médias et plaide la naïveté... L'opinion du public québécois a toujours eu une importance énorme aux yeux de la chanteuse et de son manager qui n'ont de cesse de préserver le capital sympathie de Céline. Ainsi en 1993, quand elle reçoit un Grammy Award, à Los Angeles, pour son duo *La belle et la bête*, elle remercie d'abord en anglais puis s'adresse aux Québécois en français, avec l'accent de son enfance. Une jolie manière de leur dire qu'elle ne les oublie pas.

À partir de là, René et Céline vivent dans un tourbillon perpétuel. Elle confie qu'il lui arrive de ne plus savoir dans quelle ville elle se trouve quand elle se réveille le matin. Très attachée à sa famille, elle a l'impression désormais d'être toujours de passage dans leurs vies. Quand elle est de retour chez elle au Québec, il lui arrive de retourner dormir chez ses parents, mais inéluctablement la vie la sépare de ses frères et sœurs. Elle confesse alors qu'elle sent bien qu'ils vivent désormais dans des mondes si différents qu'une gêne s'installe parfois entre eux. Malgré sa gentillesse, malgré sa simplicité, sa carrière et son statut de star internationale lui collent à la peau.

Après son escapade à Séville, Céline entame une grande tournée américaine en première partie de Michael Bolton. À cette époque, le crooner joue à fond la carte des reprises et se classe en tête des hits parades un peu partout dans le monde. Aux États-Unis, son public accueille d'abord Céline sans grand enthousiasme, mais la jeune star réussit peu à peu à s'imposer et comme elle le dit elle-même à faire en sorte que « la rumeur commence à courir que la petite chanteuse en première partie de Bolton valait sinon le déplacement, du moins qu'on se pointe un peu plus tôt au concert. » Pari gagné à force de travail et d'acharnement comme toujours !

À l'automne, elle sillonne les routes du Québec puis celles du Canada, tout en préparant déjà son troisième album anglais. De toutes les maquettes que René fait écouter à

Céline, un titre retient particulièrement son attention : *The Color of My Love* Cette chanson, signée David Foster, donnera finalement son nom à l'album. Un album plus rock que les précédents, dans lequel Céline se lâche enfin et abandonne le romantisme qui la caractérisait jusqu'alors. Les critiques sont unanimes, le public conquis. Avec plus de 12 millions d'albums vendus dans le monde, on assiste à un véritable raz-de-marée !

Avant même le triomphe de « The Color of My Love », rien ne semble pouvoir arrêter Céline. Le 19 janvier 1993 elle est invitée pour chanter lors de l'investiture de Bill Clinton au Kennedy Center à Washington et dans la foulée, on lui propose d'animer la cérémonie des Junos.

Côté vie privée, Céline n'en peut plus de se cacher. À plusieurs reprises, elle menace son René de tout révéler au public. À chaque fois il sait la convaincre d'attendre, attendre encore et toujours. Elle va jusqu'à douter de son amour. En réalité, tout comme les dirigeants de Sony Music, il s'inquiète de la réaction du public à l'annonce de cette liaison entre l'artiste et son manager de 27 ans son aîné.

Le 30 mars 1993, jour de son vingt-cinquième anniversaire, épuisée, sentant que sa voix est fatiguée, elle décide de se rendre à New York consulter son médecin qui lui prescrit deux jours de silence. À son retour à Montréal,

René lui demande pour la première fois de reporter de quelques heures le début du traitement… Il la conduit alors dans la superbe suite d'un grand-hôtel montréalais où un dîner aux chandelles les attend. Au cours de la soirée, il lui offre une bague de fiançailles, symbole non seulement de son amour mais véritable libération pour la jeune femme qui sait qu'il l'autorise ainsi à révéler sa passion au grand jour.

Malgré cette grande joie, Céline ne parvient pas à effacer la fatigue et la lassitude qui l'accablent. Certains soirs, l'envie de chanter semble l'avoir abandonnée. Elle confesse : « Je me sentais étrangère, indifférente, incapable de m'approcher réellement des gens, de partager. Trop souvent répétée une chanson peut sembler vide de sens et d'émotion. » Ce premier passage à vide pèse sur le moral du couple. René s'en veut d'avoir été trop exigeant avec elle, il se sent responsable de son état de fatigue. Quant à Céline, elle déteste cette impression de se brancher sur pilote automatique et de chanter comme un automate.

Début mai 1993, une autre épreuve attend Céline. Karine, sa nièce qu'elle aime tant, décède, emportée par cette terrible maladie qu'est la fibrose kystique. Cette mort prématurée la plonge dans une profonde tristesse à laquelle se mêle un sentiment de révolte qu'elle a bien du mal à surmonter.

Durant l'été, le couple achète une grande maison à

Rosemère, petite ville située sur le bord de la Rivière des Milles-Îles au nord de Montréal. Avant même l'officialisation de leur idylle, Céline et René s'installent enfin ensemble ! Peu de temps après, ils s'offrent un autre nid d'amour en Floride à Palm Beach où ils se retrouvent régulièrement pour quelques jours de vacances bien mérités et pour goûter une intimité qu'ils partageront désormais avec le public.

07 UN MARIAGE PRINCIER...

Depuis l'officialisation de leur amour et leur mariage, pour le moins médiatique, Céline Dion et René Angélil forment l'un de ces couples « mythiques » du show business dont la presse raffole. Mais loin de mener une vie tumultueuse ils sont plus facilement la cible des humoristes que celle des paparazzis avides de scoops et de photos trash !

Le 8 novembre 1993, pour le lancement de l'album « The Colour of My Love » les journalistes, les professionnels du show business mais aussi le public sont conviés au Métropolis à Montréal. Pour l'occasion, Sonia Benezra, présentatrice vedette de la télévision québécoise, a abandonné son studio pour animer ce show à l'américaine au cours duquel Céline met en scène l'annonce officielle de ses fiançailles. Tout commence par une petite phrase imprimée au dos de la pochette de l'album qui se termine par « René, you're the colour of my love... ». Interrogée par la presse, Céline annonce leur mariage prochain et après avoir interprété sa dernière chanson ce jour-là, elle ose embrasser tendrement et publiquement celui qu'elle aime.

Contrainte au silence pendant de si longues années Céline n'en fini plus de clamer son bonheur. Sa maison de disques trouve même qu'elle en fait trop, qu'elle ne parle pas assez de son disque… Mais le public ne se lasse pas, il en redemande et le succès de ce nouvel album est immense. Trouver une date pour le mariage s'avère difficile tant l'emploi du temps de celle qui est désormais une star internationale est chargé ! Un autre dilemme oppose les futurs mariés. René rêve d'une cérémonie toute simple, en toute intimité alors que Céline imagine quelque chose d'exceptionnel : « Ce mariage je le voulais fabuleux, inoubliable. Un vrai mariage de princesse. Les grandes pompes pas les petites ! »

Elle invente plusieurs scénarios, plus fous les uns que les autres, qui provoquent à chaque fois la même réaction chez René « trop cher, irréaliste, démesuré »… Céline finit par l'emporter. Il la laisse tout organiser avec l'aide de son amie Coco Lacroix, exigeant seulement que la cérémonie se déroule à Montréal et non à Charlemagne comme le souhaite la famille Dion ! Lui se concentre sur l'annulation de son premier mariage avec Denyse Duquette. Un passage obligé pour que l'église accepte d'unir René et Céline religieusement… Une telle procédure s'avère en général très longue et le silence d'Angélil sur le sujet attise les rumeurs. On laisse entendre qu'il aurait acheté cette annulation. L'intéressé, quant à lui, se refuse à tout commentaire. D'autres expliquent que son appartenance à l'église Melkite, un rite oriental uni à Rome, dans laquelle ces demandes sont moins nombreu-

ses, explique la rapidité avec laquelle cette annulation a été prononcée.
Le mariage est fixé au 17 décembre 1994. Il se déroulera dans la basilique Notre-Dame de Montréal. Monseigneur Poirier, qui a préparé les futurs mariés, s'est confié à la journaliste Françoise Delbecq : « Habituellement un mariage ne se fait qu'au terme de trois rencontres entre le prêtre et les futurs époux, dont une session en commun avec d'autres couples. Vu leurs engagements à l'étranger et leur notoriété, je les ai dispensés de cette dernière, remplacée par une prière. Les deux premiers rendez-vous ont été classiques et j'ai pu me rendre compte de leur foi profonde, le dernier a été particulièrement émouvant. Ensemble nous sommes allés nous recueillir chez les Carmélites. »

Surexcitée, Céline parvient à concilier sa vie professionnelle très intense à cette période, et la préparation de son mariage féerique. Parmi les dizaines de robes de mariée, signées par les plus grands couturiers de la planète, aucune ne semble emporter ses faveurs. Elle rêve d'une tenue tout droit sortie des *Liaisons dangereuses*, le film de Milos Forman. Elle choisi de confier la confection de ce joyau à une couturière de Montréal, Mirella Gentile qui dans son atelier s'active sans relâche pour livrer dans les temps cette robe en taffetas qui regorge de perles, de paillettes et de pierreries !

L'automne 1994 s'avère chargé pour Céline qui doit jongler entre un séjour au Japon, un show télévisé en l'honneur de Bill Clinton, un enregistrement d'album à Paris et les essayages de sa robe de mariée qu'elle a secrètement baptisée « The Age of Innocence » !

La veille de la cérémonie Céline, qui a passé la nuit chez ses parents, s'offre une journée dans un institut de remise en forme entre filles avec sa mère et ses sœurs. Le jour J, Céline se réveille à l'aube alors que les premiers fans se pressent déjà tout au long du trajet qu'empruntera, quelques heures plus tard, la limousine entre l'Hôtel Westin et la cathédrale ! Dans les journaux, on parle d'un mariage princier, on va jusqu'à comparer Céline Dion à Lady Di… Il faut dire que la jeune femme n'a rien laissé au hasard. À 15 heures, le cortège, composé de dix-sept limousines noires et six bus transportant les cinq cents invités, s'avance devant l'édifice religieux. La foule espère apercevoir les nombreuses stars hollywoodiennes invitées, mais aucune n'a daigné répondre présent et les seules célébrités présentes sont québécoises : Sonia Benezra, Anthony Kavanagh ou encore Brian Mulroney, Premier Ministre canadien, qui se fera huer par le public !
Au son des trompettes d'Henry Purcell, René, en costume sombre et catogan, parcourt le tapis bleu, brodé à leurs initiales, qui recouvre le sol de la rue jusqu'à l'autel. C'est là qu'il attend sa future femme. Quelques minutes plus

tard, Céline arrive dans une Rolls-Royce bordeaux, escortée par douze voitures de police. Elle entre dans la cathédrale et faute d'un lieu plus intime s'arrête à l'entrée de la nef pour une retouche maquillage qui dure vingt longues minutes ! Ce petit incident la met dans l'embarras, mais il est vite oublié et Céline, majestueuse, s'avance au son de *Lohengrin* de Richard Wagner, escortée par son père et ses demoiselles d'honneur, qui ne sont autres que ses huit sœurs. Avec cette robe insensée et coiffée d'une tiare incrustée de perles qui maintient une traîne de dix mètres de long, la mariée impressionne jusqu'à sa propre famille ! Pauline se souvient : « Les images de notre enfance défilaient dans nos têtes : les soirées d'hiver, nos difficultés à assumer le quotidien, le courage de nos parents et la joie de se retrouver tous ensemble pour le mariage de la p'tite. »

La cérémonie religieuse, très classique, est ponctuée d'airs traditionnels comme l'*Ave Maria* de Franz Schubert, l'*Adagio en sol mineur* de Tomaso Albinoni, des chants gospels et des extraits du *Songe d'une nuit d'été* de Félix Mendelssohn.

La fête se poursuit à l'hôtel Westin Mont-Royal où pas moins de 175 chambres ont été réservées par le couple pour loger les invités... La décoration du premier étage est entièrement repensée et confiée à Dick Walsh, célèbre organisateur de défilés de mode, et au fleuriste Robert

Pettigrew. Pour créer une ambiance intemporelle et onirique, le blanc domine. Une arche de roses blanches recouvre l'escalier, le sol est parsemé de pétales de fleurs de cette même couleur et des colombes volent dans d'immenses cages immaculées. En circulant d'un salon à l'autre, les invités passent d'un palais des Mille et Une Nuits à un bistrot parisien ; d'un sushi bar à une table de black-jack. À l'heure du dîner, vers vingt-deux heures, quand ils pénètrent dans la salle de banquet, Céline raconte que les convives « découvrent des bouquets de fleurs tombant lentement d'un ciel étoilé pour se poser en douceur au centre des tables. » Des tables de dix avec des nappes et des serviettes brodées aux initiales du couple qui n'a pas oublié que noël approche et a accroché dans un immense sapin pour 16 000 dollars de cadeaux destinés aux enfants des invités… Cette longue attente avant le dîner aurait découragé et agacé certains convives qui seraient rentrés chez eux prématurément !

En lieu et place d'une liste de mariage, Céline et René ont demandé à leurs invités de faire des dons à l'Association québécoise de la fibrose kystique dont la jeune mariée est la présidente d'honneur.

En cuisine, ils ne sont pas moins de trente-cinq cuisiniers, dirigés par Abdesaltar Zitouni, pour préparer le dîner de gala servit ce soir-là par soixante personnes. Au menu :

- Petit tartare de saumon et fines lamelles fumées aux cinq poivres à la quenelle de caviar

- Ravioles au confit de canard de Brôme et son velouté à l'oseille
- Jambonnette de volaille aux cèpes et sa poitrine dorée à la lavande servie avec des pommes de terre en galette et petits légumes
- Bouquet de fraîcheur et son duo de chèvre à la fleur de thym
- Trilogie de sorbets
- Croquembouche Lenôtre

Le tout arrosé par 420 bouteilles de chardonnay blanc, 240 bouteilles de cabernet sauvignon et seulement 192 bouteilles de champagne rosé ! Au secours...

La soirée se poursuit jusqu'au bout de la nuit dans la salle de bal de l'hôtel où David Foster dirige une quarantaine de musiciens venus animer la fête ! À deux heures du matin, la pièce montée arrive enfin et le jeune couple découpe ensemble les premières parts avant de passer la main à un serveur...

Céline a finalement obtenu le mariage de conte de fées dont elle rêvait. On peut s'interroger sur les motivations qui ont poussé cette jeune femme, qui joue habituellement la carte de la simplicité, à une telle démesure. Revanche sur des années d'amour clandestin ou envie d'imiter les stars hollywoodiennes qu'elle admire tant ? Sans doute un peu des deux. À ceux qui lui reprochent d'avoir transformé son mariage en vaste opération marketing, elle répond, non sans une pointe de démagogie : « Si j'ai pu faire rêver des gens avec ces images, tant mieux. J'étais une petite fille de Charlemagne que deux grandes canines empêchaient de sourire au monde. Je suis allée loin et haut, portée par ma voix, par l'amour de ma famille, de René, du public québécois. Le montrer, le faire partager aux autres ce n'est pas du marketing, c'est de la reconnaissance. »

L'annonce de ce mariage a provoqué un emballement des médias. Quelques semaines avant, René Angélil a rencontré les différents patrons de presse pour tenter de négocier une exclusivité. Le premier approché, Pierre Péladeau de Quebecor, manque de s'étrangler en découvrant la somme demandée pour couvrir la cérémonie religieuse et la fête. Il refuse de payer ce prix-là et le futur marié se tourne alors vers Claude Charron, qui dirige Trustar et édite notamment le magazine *7 jours*. Il accepte de verser 200 000 dollars canadiens et obtient ainsi l'exclusivité sur l'événement et la publication d'un album souvenir vendu 6,95 dollars soit l'équivalent à l'époque de 30 francs !
Si aujourd'hui ce type de pratique est malheureusement monnaie courante, à l'époque cette négociation choque une partie de l'opinion publique.
Les autres journalistes, privés de festivités, sont néanmoins conviés à une conférence de presse qui se déroule juste après la cérémonie religieuse. Céline laisse éclater son bonheur et l'exubérance de sa jeunesse contraste ce jour-là

CELINE DION
A new day...
Created by DRAGONE
The Final Year
PRESENTED BY
CHRYSLER

avec le calme de René.
Après vingt minutes de questions/réponses, le couple quitte la salle et consacre deux heures au tournage de la vidéo du mariage... Les invités doivent donc patienter jusqu'à vingt heures trente pour pouvoir enfin saluer les jeunes mariés !
Ces nombreux temps morts imposés par la présence des caméras et des photographes de Trustar sont les seuls véritables points négatifs de la journée et lui enlèvent un peu de la spontanéité et de l'intimité inhérentes à tout mariage.
Ce qui frappe d'ailleurs les médias et une partie des invités c'est la tristesse qui se lit par moments sur le visage de Céline au cours de cette journée qui s'annonçait comme la plus belle de sa vie. La chanteuse est fatiguée, elle sort d'une longue période de promotion, avec de nombreux déplacements d'un continent à l'autre, elle a enregistré un album, donné de nombreux concerts dont le dernier deux jours seulement avant son mariage. Cette cérémonie dont elle a imaginé les moindres détails s'avère plus lourde à gérer que prévu. L'exclusivité avec Trustar complique aussi les choses et Céline qui jusqu'alors n'avait jamais favorisé un magazine par rapport à un autre aurait mal vécu cet accord signé par René. La presse se fait aussi l'écho d'une dispute qui aurait éclaté la veille entre les futurs époux, Céline reprochant à René sa dernière escapade à Las Vegas quelques jours avant le jour J.

Les jeunes mariés ont ensuite décidé de s'offrir deux mois de vacances à Palm Beach en guise de lune de miel, mais dès la mi-janvier, Céline doit se rendre à Londres pour enregistrer l'émission *Top of the pops.* L'album « The Colour of my Love » cartonne partout dans le monde sauf en Angleterre. René sait qu'ils ne peuvent pas rater une telle opportunité. Pour ne pas avoir l'air d'imposer à sa femme d'interrompre sa lune de miel, il commence par refuser l'offre, sans oublier d'en parler à Céline, qui évidemment décide de se rendre à Londres. La chanteuse prend alors conscience que son ambition a rattrapé voir dépassé celle de son mari, qui selon ses propres termes « fait d'elle ce qu'il veut » mais elle ajoute « mon plus cher désir est qu'il en soit toujours ainsi parce que je sais qu'il veut d'abord et avant tout mon bonheur. »

Derrière cette image idyllique, certains comme Ian Halperin, auteur d'un ouvrage controversé sur l'envers de ce conte de fées, avancent qu'à partir de cette époque, pour Céline le conte de fée vire parfois au cauchemar. Elle reprocherait à René sa fâcheuse addiction au téléphone qui l'empêcherait selon elle de s'occuper pleinement de sa jeune épouse… Elle se serait régulièrement plainte de son attitude à ses proches et de nombreuses altercations auraient éclaté entre eux à ce sujet durant cette fameuse lune de miel. Elle aurait même menacé de le quitter s'il continuait à passer ses journées et ses nuits au téléphone…

Les vacances en Floride tournent court et Céline devra attendre près de six mois après son mariage pour s'offrir une véritable lune de miel aux îles Fidji. Étrangement le couple Lacroix, très proche des Angélil, fait lui aussi partie du voyage et Céline avoue qu'elle a été malade durant tout le séjour. Une maladie psychosomatique selon elle, due à son incapacité à se reposer : « J'aurais pu, j'aurais dû me laisser aller à la paresse. J'en étais incapable. On aurait dit que la détente et le repos m'angoissaient... »

Autre ombre au tableau, la jalousie maladive de René que la présence d'hommes jeunes dans l'entourage professionnel de Céline rendrait colérique et violent. Ian Halperin, qui se base sur des témoignages de proches, relate de nombreuses disputes au cours desquelles Angélil reprocherait à sa jeune épouse de laisser les garçons de son entourage flirter avec elle. Leur différence d'âge pèserait alors sur leur couple et Céline, très amoureuse de son mari, vivrait très mal ses reproches et sa paranoïa. L'ambiance se serait considérablement dégradée entre eux rendant Céline nerveuse et dépressive. Ian Halperin va jusqu'à écrire qu'elle aurait, à deux reprises, tenté de mettre fin à ses jours. Des informations impossibles à vérifier et difficiles à croire tant le couple refuse d'évoquer ses problèmes et renvoie toujours l'image d'un bonheur sans nuage.

Ce mariage, et son utilisation médiatique, fait basculer Céline dans le camp des stars hollywoodiennes qui n'hésitent pas mettre en scène les événements les plus intimes de leur vie privée pour offrir du rêve à un public de plus en plus demandeur de ce genre d'images.

08 LA CONSÉCRATION

L'album « D'Eux » enregistré à Paris sous la direction de Jean-Jacques Goldman marque le grand retour de Céline sur le marché français. Ses albums en anglais n'ont pas remporté le succès escompté et elle manque encore de crédibilité auprès des professionnels. Pour préparer le terrain, Olivier Montfort, alors Président de Columbia France, décide de sortir pour les fêtes de fin d'année, un album *live* enregistré à l'Olympia quelques mois plus tôt en septembre 1994. À cette époque, on évoque aussi la possibilité pour Céline Dion de travailler avec Jean-Jacques Goldman. La chanteuse revenant ainsi sur le devant de la scène profiterait de l'aura de Goldman qui est alors le producteur, auteur, compositeur, interprète le plus influent de l'hexagone. Ses albums se vendent comme des petits pains, il remplit les salles et ses nombreuses collaborations avec Johnny Hallyday ou Florent Pagny ont toutes été couronnées de succès. Mais Céline Dion lui permettrait de dépasser le marché francophone.

Ils se rencontrent pour la première fois sur le plateau des Restos du cœur en 1994 où ils chantent en duo *Là-bas*, un titre magnifique enregistré six ans plus tôt par Jean-Jacques Goldman et Sirima, une jeune chanteuse disparue tragiquement en 1989.

Ils se revoient lors du passage de Céline à l'Olympia en septembre. Entre eux le courant passe très rapidement. Ils se retrouvent dans un petit restaurant près de l'Opéra où selon les termes de Céline, ils apprennent à se connaître. Quelques jours plus tard, Jean-Jacques Goldman accueille la chanteuse et son manager en studio et leur fait découvrir les chansons qu'il a imaginées pour elle. Céline n'a rien oublié de l'émotion qui l'a transpercée en entendant les premières notes de *Pour que tu m'aimes encore* : « Aux trois quarts de la chanson, nous nous tenions les mains René et moi, en pleurant. Jean-Jacques a été très troublé quand il a vu que nous avions pleuré. Il nous a souri avec tellement de bonheur que nous avons recommencé à pleurer et à rire en même temps. » L'album « D'Eux » est officiellement sur les rails.

Début novembre 1994, Céline s'installe à Paris pendant deux semaines pour enregistrer au studio Méga de Boulogne-Billancourt. L'équipe Goldman est au complet : Éric Benzi à la guitare, Christophe Deschamps à la batterie et Carole Fredericks aux chœurs ! Malgré le manque de temps, le résultat satisfait tout le monde. Céline se rappelle surtout du jour où elle a dû enregistrer *Vole* le titre dédié à sa nièce. Déjà en découvrant les paroles, quelques semaines plus tôt, elle avait été bouleversée : « Jean-Jacques avait su trouver les mots pour exprimer ce que je ressentais. On a fait une prise, puis deux, puis trois. Je ne

pouvais pas chanter. Il y avait trop d'émotion au premier degré. Je voulais chanter avec une émotion contrôlée. Nous sommes allés déjeuner et au retour je me sentais prête. La première prise a été la bonne. »
Pour écrire les textes de cet album, Goldman a lu une quantité d'articles de presse et d'ouvrages consacrés à la jeune star québécoise, il a aussi discuté longuement avec elle et au final Céline trouve l'album très personnel. Mais le succès remporté par « D'Eux » tient beaucoup à la variété des thèmes et des rythmes. On passe d'une ballade sirupeuse, *Je sais pas* à un titre plus boogie comme *Regarde moi.* On trouve aussi un duo plutôt rock entre Jean-Jacques Goldman et Céline, *J'irais où tu iras.*
L'album sort en France le 27 mars 1995 et remporte un immense succès. Il bat tous les records de ventes ! Avec 7 millions d'exemplaires écoulés, il devient l'album francophone le plus vendu dans le monde ! Record battu aussi en France avec 4 412 100 copies. Au Québec Céline dépasse Ginette Reno et avec 350 000 ventes « D'Eux » devient l'album le plus vendu de la belle Province ! Aux États-Unis il est mis en vente le 16 mai 1995 avec un sous-titre explicite *The french album...* Chose extraordinaire l'Angleterre tombe aussi sous le charme et « D'Eux » devient le premier album francophone certifié disque d'or ! *Pour que tu m'aimes encore* et *Je sais pas,* les deux singles extraits, connaissent le même succès et deviennent des grands classiques de la variété repris par toutes les générations futures

de « star-academyciens » et autres « popstars » en devenir !

Une grande tournée est organisée dans la foulée. Les places s'envolent en quelques heures. Au marché noir, un ticket pour Bercy peut atteindre les 3000 francs ! Après la « Bruelmania » c'est la « Célinemania » qui s'empare de l'hexagone ! Au Midem, en 1996, Philipe Douste-Blazy, alors ministre de la culture, lui remet les insignes de Chevalier de l'Ordre des Arts et des Lettres.

La France est conquise, mais l'Amérique reste encore trop frileuse aux yeux de René Angélil ! Le prochain album sera donc en anglais et le manager de Céline cherche celui qui, à l'instar de Goldman en France, la propulsera en tête des charts. Il pense l'avoir trouvé quand Phil Spector accepte de produire «Falling into you» ! Cet homme est LE producteur avec qui tous les artistes rêvent de travailler, LA référence incontournable pour tous les fans de rock. Il a créé un son unique, riche, complexe et profond, baptisé *the wall of sound.* On retrouve sa signature sur *Bohemian Rapsody* de Queen, *Dancing Queen* d'Abba ou encore *Let it be* des Beatles… Mais Phil Spector a aussi une réputation sulfureuse. Il aurait la fâcheuse habitude de se balader avec une arme, qu'il dégainerait très facilement. Il sera d'ailleurs accusé du meurtre d'une jeune actrice retrouvée morte, le 3 avril 2003, dans son manoir. Le jury n'ayant pas été capable de se mettre d'accord aucun verdict n'a pour le moment été prononcé… Spector est un excentrique, un fou génial, retiré depuis des années du devant de la scène. Pour René, grand fan de rock, c'est plus qu'une idole ! Quand le producteur prend contact avec lui, parce qu'il a entendu Céline chanter et qu'il veut travailler avec elle, René comprend immédiatement l'impact que cette collaboration pourrait avoir sur la carrière de sa protégée. Avec lui, elle obtiendrait enfin cette crédibilité rock qui lui manque tellement. Malheureusement entre eux les choses se passent mal. Au bout de trois mois, la rupture est consommée. Phil Spector laisse exploser sa colère dans une interview, accordée au magazine *Entertainment Weekly* : « L'équipe Dion-Angélil ne voulait que des hits et avoir un total contrôle du projet. Faire de bons morceaux différents des horreurs que l'on entend à longueur de journée ne les intéressait guère. Ils n'ont pas compris que je voulais faire entrer Céline dans l'histoire du rock. Tant pis pour eux. Je sortirai un jour les bandes que j'ai conservées. Le monde entier pourra faire la comparaison avec la soupe qu'elle chante aujourd'hui… » Il conclut par cette phrase « On n'apprend pas à Mozart quel opéra composer. À Phil Spector, on ne dit pas quelle chanson écrire et comment l'enregistrer ! »

Après ce fiasco, le fidèle David Foster reprend les choses en main. Il propose à Céline d'enregistrer une nouvelle version de *All by Myself*, d'Éric Carmen, adapte trois titres de

Goldman dont *Pour que tu m'aimes encore*, qui devient *If That's What It Takes*. Les paroles anglaises sont très éloignées de celles écrites par l'auteur français qui regrette que sa chanson lui ait échappé et trouve que le texte anglais manque de consistance.

Pendant que René reste à Los Angeles avec David Foster pour assister au mixage définitif de « Falling into you », Céline rentre au Québec où elle travaille sur son nouveau spectacle avant de s'envoler pour l'Europe où l'attend une longue tournée. Son manager la conseille à distance : « Il a écouté du début à la fin mes premiers shows au téléphone. Il me critiquait sévèrement, me proposait ou m'imposait des changements dans l'ordre des chansons ou de mes textes d'enchaînement… »

Pendant cette tournée, qu'elle effectue donc seule, sans René, Céline nourrit le projet de faire construire la demeure de ses rêves. Elle jouit de plus en plus du plaisir que lui procure l'argent. Elle a pris goût au luxe et ne s'en cache pas ! Dans les palaces qu'elle fréquente, elle note toutes les idées qui lui plaisent, découpe des articles dans les magazines de déco et entasse tous ces éléments pour les ressortir plus tard quand le moment sera venu de bâtir sa « maison du bonheur » comme elle l'appelle. Les travaux, dont le montant frôle les 10 millions de dollars, commenceront l'année suivante à Jupiter Island, banlieue chic de West Palm Beach.

En octobre 1995, René la rejoint à Paris où elle donne une série de cinq concerts au Zénith. Le premier soir, sa voix l'abandonne. Pour elle, c'est une catastrophe, deux jours plus tard une captation télévisée est prévue. Céline sait qu'elle n'aurait pas dû passer de longues heures à courir les boutiques dans une ville polluée où l'air est sec et chargé de poussière parce qu'il n'a pas plu depuis de nombreuses semaines ! Heureusement ses cordes vocales, qu'elle entretient régulièrement, sont en bon état et tout rentre dans l'ordre rapidement.

Céline commence l'année 1996 en triomphant aux Victoires de la Musique où elle rafle les titres d'artiste francophone et de chanson de l'année. En mars son album « Falling into you » est officiellement lancé. L'accueil qu'il reçoit est impressionnant ! Elle entame alors une tournée marathon qui débute en Australie et dans l'est des États-Unis où elle chante dans des arènes de quinze à vingt mille personnes. Elle enchaîne avec le sud, le Midwest et l'ouest devant quarante mille spectateurs par soir ! À chaque étape, il faut adapter le show, modifier la mise en scène, retravailler la sono, les éclairages. De quarante, l'équipe passe à une centaine de personnes et jour après jour Céline assure.

En juillet 1996, elle est invitée à chanter lors de la cérémonie d'ouverture des Jeux Olympiques d'Atlanta où elle interprète *The power of love* devant trois milliards de téléspectateurs ! Le titre a été composé par David Foster et Babyface, le petit prodige que tout le monde s'arrache et qui est souvent considéré comme le nouveau Stevie Wonder ! Ce jour-là elle a le trac, mais refuse de le montrer. Elle sent la pression monter tout au long de la journée. René, lui, fait comme si tout allait bien, comme s'il s'agissait d'une date comme une autre. Il lui fait confiance et il a une nouvelle fois raison. « Dès que j'ai commencé à chanter mon trac s'est dissipé dira-t-elle. Je me suis sentie très légère. Pendant plusieurs jours, j'ai vécu dans l'euphorie de cette formidable expérience » confie-t-elle. Mais à partir de là, Céline commence à ressentir les effets d'une immense fatigue : « Par moments, je cherchais mon souffle. J'étais sonnée, comme un boxeur, même vainqueur, après un dur combat. »

Les alertes se multiplient. Quelques semaines après Atlanta, Céline ne tient plus debout, elle a des étourdissements, des nausées, elle est incapable de manger autre chose que des biscuits et de l'eau sucrée. Sa santé inquiète son entourage. Sa maigreur engendre les pires rumeurs. La presse parle d'anorexie ce qui scandalise Céline. René ne prête pas attention à la faiblesse de sa femme. Un matin, alors qu'elle est à San Francisco, son état se dégrade sérieusement. À ce moment-là, René n'est pas à ses côtés. Il est hospitalisé en Arizona dans une clinique où il tente de se défaire des mauvaises habitudes alimentaires qui pourraient lui être fatales. Alerté, il annule les deux prochains concerts. Céline est hospitalisée quelques jours. Officiellement on annonce qu'elle souffre d'une violente gastro-entérite, mais les médecins lui expliquent que le surmenage et le stress sont la cause de son état. René prend alors conscience de la gravité de la situation. Il la force à se reposer dans leur maison de Floride où sa mère veille sur elle. Après un mois sans aucun contact avec le monde extérieur, sans horaire à respecter, sans promotion, sans concert, Céline se sent mieux ; elle est prête à repartir sur les routes. Mais c'est au tour de Thérèse de tomber malade, elle est hospitalisée d'urgence à Montréal suite à une pneumonie. Céline, très inquiète, envisage de reporter sa tournée européenne, mais cette fois René s'y oppose même s'il comprend l'angoisse de sa femme. Sa propre mère est elle aussi hospitalisée dans le même établissement que Thérèse. Son état est plus grave, elle décède quelques jours plus tard. Les funérailles ont lieu le 29 mai. Pendant l'office religieux, Céline, très affectée par la mort d'Alice, fond en larmes au milieu de l'hommage qu'elle souhaitait lui rendre.

Elle enchaîne avec de nouvelles dates à Montréal et à Paris avant de terminer l'année par une tournée à guichet fermé en Asie où les places s'arrachent au marché noir jusqu'à 1500 dollars !

Pour terminer en beauté cette tournée exceptionnelle,

René et Céline acceptent le défi que leur lancent deux jeunes producteurs européens : une tournée d'été dans les grands stades européens comme l'ont fait avant elle toutes les rocks stars de la planète ! La réalité dépasse le rêve dira plus tard la chanteuse : « Nous étions rendus de l'autre côté du rêve... Ce printemps-là notre vie a basculé... Et tout s'est passé si vite que nous avons à peine eu le temps de réaliser ce qui nous arrivait. »

Les ventes de « Falling Into You » sont phénoménales ; on parle de 10 millions d'albums écoulés aux États-Unis et de plus de 30 millions dans le monde !

En février 1997, Céline est une nouvelle fois invitée aux Oscars. Elle doit chanter *Before you loved me*, un titre qu'elle interprète sur la B.O. du film *Personnel et confidentiel* de Jon Avnet avec Robert Redford et Michelle Pfeiffer. Quand elle arrive à la répétition générale quelques heures avant le show, les organisateurs de la cérémonie lui proposent de remplacer au pied levé Natalie Cole, clouée au lit par la grippe. C'est la première fois dans l'histoire des Oscars qu'une artiste interprétera deux titres dans la soirée... Céline répète donc *I Finally Found Someone*, la chanson phare du film *Le Miroir à deux faces*, produit et réalisé par Barbara Streisand... Le soir, plus encore que les millions de téléspectateurs qui suivent l'émission, c'est la présence de son idole dans la salle qui angoisse Céline.

Perfectionniste, elle ne veut prendre aucun risque aussi pour éviter le trou de mémoire, elle exige un prompteur et répète inlassablement dans sa loge.
Le moment venu elle entre en scène, dans une robe scintillant de milles feux avec autour du cou un collier Chanel composé de 656 diamants ! Quand elle entame la chanson de Barbara Streisand, celle-ci a quitté la salle, officiellement pour se rendre aux toilettes… L'actrice aurait en fait volontairement boycotté la performance de la jeune femme, qu'elle considère alors indigne d'interpréter un tel titre. Furieuse de n'avoir pas été nominée dans des catégories prestigieuses, elle avait dans un premier temps refusé d'interpréter elle-même cette chanson mais en apprenant que Céline devait remplacer Natalie Cole, elle aurait déclaré : « J'aurais pu supporter que Nathalie Cole chante à ma place mais Céline ne parle même pas correctement anglais… Peut-être que ce n'est pas une mauvaise chanteuse, mais on ne joue pas dans la même catégorie. C'est une farce ! »
La jeune Québécoise ne peut masquer sa déception. Les dirigeants de Sony parviennent à convaincre Barbara Streisand qu'elle a commis une erreur qui pourrait lui porter préjudice. Ils savent que Céline envisage de lui proposer un duo sur son prochain album ce qui remettrait la diva américaine dans l'actualité et lui donnerait un petit coup de jeune. Après avoir regardé une vidéo de la soirée, elle envoie un bouquet de fleurs à Céline accompagné

d'un petit mot dans lequel elle écrit : « J'ai visionné l'émission. Vous avez chanté magnifiquement ma chanson. Je regrette de ne pas avoir été dans la salle. La prochaine fois chantons ensemble. Vous êtes une formidable interprète ! » Ces quelques mots remplissent de joie et de fierté la jeune star et son mari qui ne manque pas une occasion de faire lire cette lettre à ses amis comme aux journalistes !

Céline Dion est devenue une véritable diva, elle devance même Mariah Carey qui vivrait très mal cette concurrence ! On pourrait penser qu'à ce stade de sa carrière et après une tournée aussi longue et éprouvante elle décide enfin de se reposer, mais c'est mal connaître le couple Angélil ! Ensemble, ils décident de battre le fer tant qu'il est encore chaud. À l'automne 1997, ils sont à New York puis à Los Angeles pour l'enregistrement d'un nouvel album, « Let's Talk About Love ». Les grands noms de la musique se pressent autour de Céline : les Bee Gees lui écrivent *Immortality*, Carole King *The Reason*, réalisé par George Martin, à qui l'on doit le son des Beatles ! Luciano Pavarotti, qu'elle a croisé de longues années auparavant, accepte d'interpréter avec elle *I Hate You When I Love You.* Ce nouvel album permet à Céline de chanter avec Barbara Streisand, un rêve mais aussi une grande angoisse : « À cinq ans, je la voyais déjà comme une de mes plus impressionnantes idoles. C'est dangereux de s'approcher de ses idoles. Un rien peut les détruire ou vous écraser. » Après l'épisode malheureux des Oscars et les « excuses » de Streisand, René demande à David Foster de leur composer un duo sur mesure. *Tell Him* reste malheureusement un duo virtuel. Streisand enregistre sa partie à Los Angeles et Céline pose ensuite ses voix sur la bande à New York. Elles découvriront le morceau en simultané, l'une au Record Plant de L.A. l'autre au Hit Factory, un studio new-yorkais. Céline se souvient de cette première écoute : « La chanson terminée, le silence est tombé. Nous regardions tous le téléphone. Il a mis, il me semble, une éternité à sonner. David a répondu. C'était Barbara qui m'appelait pour me dire à quel point elle avait aimé mon interprétation. J'étais paralysée. Elle me disait de si belles choses, si simplement ! Je me sentais incapable d'en faire autant et de lui dire à quel point elle avait été importante dans ma vie. Je me suis mise à pleurer ! » Touchée, l'interprète de *Yentl* invite la jeune star chez elle à Malibu. Deux jours plus tard, Céline dîne chez celle qu'elle considère comme la plus grande chanteuse au monde !

Pendant ce séjour à New York, Céline en profite pour enregistrer une maquette destinée à James Cameron, alors en plein montage de *Titanic* dont il a confié la bande son au compositeur James Horner. Pour le générique de fin, ce dernier souhaite proposer au réalisateur une chanson, écrite avec Will Jennings qu'il considère comme la plus belle qu'ils aient faite ensemble. Pour convaincre Cameron il pense que la voix de Céline serait un atout supplémentaire. Quand elle entend pour la première fois *My Heart Will Go On*, la jeune femme trouve la mélodie trop terne, contrairement à son manager qui se montre emballé et pense que ce titre peut devenir un hit incontournable ! Peu à peu Céline se laisse convaincre, se passionne pour le scénario et enregistre la fameuse maquette : « Ce jour-là, je couvais une grippe. Ma voix me semblait mal assurée, elle avait une sorte de fragilité qui, je pense, a donné à la chanson son côté romantique. Tout le monde a su, dès la première prise, qu'on tenait un gros succès ! »

Le verdict tombe quelques semaines plus tard. James Cameron, qui au départ voulait un instrumental, est emballé et propose de venir à New York leur montrer son film en avant-première ! À l'issue de la projection, la décision est prise de ne pas retourner en studio mais de garder la première version. C'est donc une maquette qui deviendra l'une des chansons les plus vendues de toute l'histoire ! Quand *Titanic* sort sur les écrans aux États-Unis d'abord puis dans le reste du monde, le film squatte la première place des box-offices et *My Heart Will Go On* se classe en tête des charts.
René avec son flair habituel a eu raison d'insister auprès de Céline pour qu'elle accepte ce projet !

L'album de Céline sort quelques semaines plus tôt, en novembre 1997 et remporte lui aussi un énorme succès. Une nouvelle tournée se profile à l'horizon… La mise en scène prévue est impressionnante : on construit pour l'occasion une estrade lumineuse en forme de cœur de deux cents mètres. De part et d'autre de cette scène des écrans géants sont suspendus sur lesquels doivent apparaître des images du show mais aussi les visages des Bee Gees et de Barbara Streisand. Céline débutera le show, cachée dans un fly case sous la scène. Les musiciens eux seront installés sur des plateformes actionnées par des systèmes hydrauliques. Un jeu de lumière sophistiqué est mis au point, mais deux jours avant la première à Boston rien n'est totalement réglé ! L'angoisse est palpable, la chanteuse raconte que René a convoqué l'équipe au grand complet pour leur expliquer les choses : « Trente-deux heures avant la première, on n'a pas de show. On a un plan de show, un rêve de show, un chantier de show, gros comme l'Empire State Building. Mais on n'a pas dépassé le septième étage ! » Après ce discours pour le moins déstabilisant, une montée d'adrénaline s'empare de la troupe. Céline doute de tout, de ses tenues, des extensions qu'elle s'est fait poser… Le spectacle se déroule finalement comme prévu, mais ce soir-là, la chanteuse découvre qu'elle en a assez de vivre sous pression, dans un état de stress et de trac permanent. Elle confie à son mari : « Il y a autre chose dans la vie, je n'ai plus envie de revivre un pareil cauchemar. » Cela fait déjà quelques mois que Céline souhaite infléchir le cours de sa vie et s'offrir plus de temps pour elle. Très affectée par la mort accidentelle de la Princesse de Galles elle aurait confié à un proche : « Cela aurait pu être moi. On ne sait jamais ce que la vie nous réserve. Je ne veux pas finir comme ça. Quelque chose doit changer pour moi maintenant. Je dois repenser toute ma façon de vivre. » Cette empathie de Céline pour Lady Diana est plutôt surprenante. Les deux femmes ont été médiatisées très jeunes, mais la comparaison s'arrête là. Il est vrai qu'au Canada, on réserve un traitement royal à l'enfant du pays… Elles s'étaient rencontrées brièvement le 29 octobre 1991 lors d'un dîner donné par le Premier Ministre canadien en l'honneur du couple princier.

Après le concert de Boston, les Angélil décident de s'offrir une année sabbatique dès la fin de cette tournée !

Mais pour l'heure c'est un nouveau marathon autour du monde qui attend Céline. Un marathon qui s'avère plus difficile que prévu…

09 UNE FEMME TOUT SIMPLEMENT

En quelques années, Céline est devenue une star inaccessible renvoyant l'image d'une femme comblée, adulée à qui tout sourit. En 1999, le conte de fée s'assombrit. Céline redevient une femme comme une autre, seule face à la peur de perdre celui qu'elle aime. À trente ans, elle aspire à construire autre chose qu'une carrière et rêve désormais d'avoir un enfant.

En mars 1999, René qui s'est découvert une étrange tumeur dans le cou se rend dans une clinique de Dallas consulter un médecin. Céline est à ses côtés quand on lui annonce qu'il doit subir une biopsie. Quelques heures plus tard le verdict tombe. René, atteint d'un cancer, doit être opéré d'urgence. Triste anniversaire pour sa jeune épouse qui devait fêter ce jour-là ses trente et un ans : « J'ai été terriblement désemparée, écrasée par la peur et la peine. Je cherchais mon souffle, je cherchais mes mots… J'ai décidé sur-le-champ de ne pas pleurer. L'homme que j'aimais avait trop besoin de moi. Je ne pouvais pas m'effondrer. Je serais forte, je serais sa force, sa santé, sa guérison… »
L'opération a lieu le jour même. Le lendemain Céline doit chanter à Houston et selon les volontés de celui qui reste, avant tout, son manager, elle maintient le concert. Mis au courant de la situation, ses musiciens l'entourent et la soutiennent dans cette difficile épreuve. Malgré cela elle

refuse de poursuivre et annule tous ses engagements dans les jours qui suivent. Tant qu'elle n'a pas l'assurance que son mari est hors de danger elle veut rester auprès de lui. Dans un premier temps, les médecins préconisent du repos puis un traitement de radiothérapie : trente-huit séances à raison de cinq par semaine. Pour sa convalescence René choisi leur maison de Jupiter en Floride qui ne désemplit pas. Ses vieux copains se relaient à ses côtés. Chaque matin, il se rend à l'hôpital pour suivre son traitement. Au bout de quelques semaines, son médecin lui propose de faire quelques séances de chimio pour accélérer le processus de guérison. Le couple sait que les effets secondaires sont lourds et désagréables et que le risque de stérilité est élevé. Ensemble ils prennent une décision importante pour la suite de leur vie : «Nous sommes allés ensemble dans une banque de sperme. Notre rêve attendrait, congelé, dans une éprouvette. Cette solution n'était ni la plus agréable, ni la plus romantique mais elle nous donnait l'assurance que, quoi qu'il arrive, notre rêve resterait réalisable» confiera Céline plus tard. Suite à des indiscrétions, la rumeur se répand dans la presse. Beaucoup pense que c'est un canular, une nouvelle invention des humoristes dont le couple Angélil est une cible privilégiée. Céline confirme pourtant l'information fin 1999 dans l'émission de télévision américaine *Larry King Live.*

Comme bon nombre de personnes soumises à des séances de chimiothérapie, René perd l'appétit. Il souffre de nausées, perd ses forces et une immense fatigue l'accable. Il s'emporte facilement, ne sort plus du tout. Les amis et la famille ont déserté la maison, désormais le couple est seul. Ensemble ils affrontent la maladie. René garde le moral, il veut guérir, il est convaincu qu'il va réussir à vaincre son cancer. Céline est à ses côtés ; pour la première fois elle fait passer sa carrière au second plan. Pendant près de deux mois et demi, elle ne le quitte pas une minute. Mais malgré la maladie, son manager garde le cap et s'il a cédé sur le report d'une partie des dates américaines et canadiennes, il refuse que sa chanteuse de femme annule sa tournée des grands stades européens.

Quand elle s'envole pour l'Europe en juin 1999, René commence à reprendre des forces. Il fait installer un relais satellite dans leur maison pour suivre ses shows en direct. Cette liaison lui permet d'assister à ce que Céline considère comme l'un des plus beaux shows de toute sa carrière ! Les 19 et 20 juin, un an après la victoire des Bleus en Coupe du Monde, Céline investit la pelouse du Stade de France ! Elle raconte que le premier soir, après avoir chanté *Pour que tu m'aimes encore*, la foule l'a ovationnée comme jamais. Dans le public elle pouvait lire les messages de soutien de ses fans qui brandissaient des banderoles sur lesquelles on pouvait lire « On t'aime René ! » Quand elle les assure qu'il va bien, la clameur redouble dans le stade. À l'autre bout du globe, en Floride, Angélil assiste à l'événement. Il a demandé à être branché sur les écouteurs de Céline et à cet instant précis il lui glisse au creux de l'oreille «Je t'aime, Céline, t'es mon amour pour toujours». Ces mots la bouleversent, mais elle se refuse à pleurer pour ne pas briser sa voix. Quelques minutes plus tard, Jean-Jacques Goldman la rejoint sur scène pour une autre séquence émotion : « Jean-Jacques m'a remerciée d'être là, comme s'il parlait au nom de la France. Nous nous regardions tous les deux, la foule debout, les bras tendus vers nous. Il s'est mis alors à chanter a cappella *S'il suffisait qu'on s'aime.* J'ai eu toutes les peines du monde à retenir mes larmes. J'avais vingt secondes pour me ressaisir avant d'entrer dans la chanson avec lui. J'ai respiré très lentement, à fond. Quand est venu le temps de chanter, j'avais repris le contrôle de mes émotions »

Après cette tournée européenne, Céline rentre en Floride retrouver son mari qui a repris des forces mais redoute le retour à la vie publique. Peu enclin à parler de sa maladie, il a vécu toute cette période en retrait des médias. Il n'est pas apparu en public depuis de longs mois. Le 8 septembre 1999, il est de retour au Québec, où il participe à la conférence de presse au cours de laquelle Céline présente le concert du millénaire qu'elle donnera le 31 décembre à Montréal. En une phrase, il évoque sa maladie : « Tout va bien. Nous avons traversé, Céline et moi, une dure épreuve. Nous sommes plus proches, plus amoureux que jamais. Et pour ne rien vous cacher, nous sommes heureux. » Après cette déclaration, il laisse Céline parler du show évidemment, mais aussi de l'année sabbatique qu'ils ont décidé de s'offrir et du bébé qu'ils espèrent bien mettre en route.

Le 31 décembre 1999, Céline se produit sur la scène du Centre Molson de Montréal et célèbre le passage à l'an 2000 devant plus de vingt mille personnes ! Ce show qui marque son retrait temporaire de la vie publique est moyennement bien accueilli par la critique qui tique sur le prix des places, une moyenne de 300 dollars canadiens. On reproche à René Angélil de laisser croire que le choix de Montréal est purement sentimental… Pourtant celle que le monde entier s'accorde désormais à reconnaître comme une grande star avoue : « Cette nuit-là avait été magique. Parce que c'était mon dernier show. Je me trouvais pour la dernière fois avant longtemps devant mon premier public, tous les miens, ma famille, mon pays, mes amours. La boucle était bouclée»Et René qui avait si longtemps craint la réaction du public, rejoint sa femme sur scène à minuit pour l'embrasser tendrement…
Quand les lumières du Centre Molson s'éteignent ce jour-là, Céline se sent prête à vivre de nouvelles aventures plus personnelles !

Dès son concert terminé, le 1er janvier au matin, Céline s'envole pour Las Vegas. Accompagnée de sa famille et de quelques amis proches, elle assiste à une représentation du Cirque du soleil. L'idée de son show à Vegas lui vient ce jour-là en découvrant avec enthousiasme *O*, un spectacle magnifique. Elle expose à René son rêve d'un concert qui soit une expérience à la fois musicale et visuelle pour les spectateurs. Elle lui parle de son envie de se poser pendant un certain temps au même endroit. Surpris il lui demande si elle s'imagine vivre plusieurs années à Las Vegas. La réponse est sans appel, il peut tout de suite mettre le projet en chantier !

Ce séjour dans la capitale du jeu, deuxième patrie de René Angélil, est aussi l'occasion pour le couple de renouveler leurs vœux de mariage ! C'est Céline qui aurait eu l'idée de cette fête, tout aussi extravagante et démesurée que la première ! Elle raconte qu'Arthur Golberg, alors directeur d'une douzaine de casinos, dont le Caesars Palace, leur aurait offert cette cérémonie en guise de cadeau de mariage ! On peut supposer que la publicité ainsi faite à ses établissements et les grosses sommes jouées par René ne sont pas étrangères à cette proposition pour le moins surprenante. Comme lors du mariage, Céline a voulu garder un œil sur l'organisation de ce renouvellement. Elle a souhaité que tout se déroule selon la tradition arabe afin de rappeler les origines libanaises et syriennes de son mari.

La salle de bal du Caesars Palace se transforme donc en jardin oriental au milieu duquel se dressent six tentes berbères. Danseuses du ventre, chameaux, oiseaux exotiques, musiques, costumes et plats traditionnels rien n'a été laissé au hasard. « René triomphait dans le rôle du Grand Vizir ou du Calife ; moi dans celui de Shéhérazade... » confie Céline qui poursuit : « Les invités étaient assis à l'orientale sur des coussins. Ils ont pris un repas de cinq services préparé des chefs libanais, syriens et marocains. Tous les hommes étaient en noir ; les femmes vêtues de robes longues aux couleurs des pierres précieuses, émeraude, saphir, rubis et diamant. René était en djellaba blanche et moi je portais une robe dorée signée Givenchy. »
Cette mise en scène digne d'un conte des Mille et Une Nuits n'est pas du goût de tout le monde. Dans l'entourage même de Céline certains auraient été choqués de voir René se pavaner, porté sur une litière... Il faut bien reconnaître que les photos publiées dans *7 jours* sont d'un kitsch excessif ! La presse a aussi reproché au couple cette débauche de luxe. Chose que Céline revendique avec détermination : « On a dit que nous avions fait étalage de notre richesse. Peut-être. Et alors ? La richesse ne se cache pas. Et je voulais que cet événement soit d'abord et avant tout une proclamation publique de notre amour. » En cela, la chanteuse est devenue plus américaine que québécoise. Personne aux États-Unis ne reproche aux stars de dépenser aussi ouvertement leur argent, alors qu'au Québec,

comme en France on prend souvent cela pour de l'indécence. Le luxe se doit d'être discret. Céline, elle, affiche sa fortune sans retenue ce qui contraste étrangement avec la simplicité de ses débuts et l'image qu'elle veut renvoyer encore aujourd'hui.

Dans les mois qui suivent, le couple se retire en Floride dans la maison qu'ils se sont fait construire sur Jupiter Island. Cette grande demeure, imaginée par Céline, ne comporte pas moins de neuf chambres, plusieurs cuisines, des salons, trente-trois téléviseurs, une grande salle de cinéma, un atelier de couture pour Thérèse Dion et un grand patio à l'abri des regards, sans oublier la piscine au fond de laquelle les initiales C et R s'entrelacent… Céline a supervisé toute la décoration. Elle a choisi un style qu'elle qualifie, elle-même, de « rococo » et de « romantique ». Cette maison, c'est son cocon, son nid d'amour…
Seuls ou entourés d'amis proches, ils goûtent enfin au bonheur d'une vie tranquille et sédentaire… Pour se balader tranquillement Céline coupe ses cheveux très courts et ne sort plus sans un chapeau et des lunettes noires. Difficile malgré tout de passer totalement inaperçue et il n'est pas rare que les gens l'arrêtent pour lui demander un autographe ou lui dire quelques mots. Désireuse de rester loin des médias, la chanteuse ne se rend à aucune cérémonie officielle. Elle découvre, étonnée, que cela ne lui man-

que pas vraiment ! Elle confie même : « Pour la première fois depuis des années, nous avons regardé le gala des Grammys et celui des Oscars à la télé, seuls dans notre salon. J'ai réalisé à quel point participer à ces corridas pouvait être parfois pénible. Je ne l'avais jamais dit, même pas à René, je ne me l'étais même pas avoué, mais je n'ai jamais vraiment aimé les galas, la fausse joie qui y règne, les poignards invisibles que les filles se lancent les unes aux autres, en même temps que des sourires faux... »
Dès le mois de février Céline entame le long processus médical qui devrait lui permettre de devenir mère. Elle subit d'abord une stimulation ovarienne par injection d'hormones puis on lui prélève des ovules. Un processus de fécondation in vitro débute alors. Deux à cinq jours plus tard on replace les embryons dans l'utérus. Céline a la chance de faire partie des 65% de cas pour lesquels la première tentative est la bonne. Début juin, elle est enceinte, mais elle sait que le risque de grossesses multiples ou de fausse-couche est élevé. Malgré cela dès le 9 juin, elle décide de prendre les devants et annonce sa maternité au monde entier par ces mots : « Nous savons depuis hier que notre voeu le plus cher est devenu réalité ! » Pas question pour elle de laisser les médias lui voler un aussi joli scoop !
Le couple très heureux de cette nouvelle s'envole quelques semaines après pour Montréal préparer le mariage d'Anne-Marie. Le 25 août, la fille de René épouse Marc Dupré un

humoriste québécois. La veille son père et sa belle-mère ont appris qu'ils attendaient un garçon !
Les semaines qui suivent semblent idylliques. Céline avoue : « Les mots me manquent pour dire à quel point j'ai aimé toutes les phases de ma grossesse. Je crois pouvoir affirmer que René a été, lui aussi un homme heureux pendant toute cette période. »
La future maman savoure pleinement son bonheur, mais la présence des paparazzis la contraint à rester enfermée chez elle : « Durant l'été des hélicoptères et des petits avions venaient régulièrement survoler notre maison dans l'espoir de me photographier. Moi j'avais envie de douceur, de paix, de solitude. Je n'avais plus aucune envie d'aller me promener dans le jardin, ni sur l'île Gagnon que nous avions achetée sur la rivière des Mille-Îsles et où notre maison était en chantier. Pendant des semaines, j'ai vécu en recluse. » Cette pression effraye Céline et exaspère René qui fait passer le message aux médias québécois que sa femme aimerait bien qu'on la laisse tranquille ! Son emprise sur la presse, surtout au Québec, est telle que peu à peu l'étau se désserre : « En septembre, j'ai même pu aller me promener en ville avec mes sœurs et mes amies » se souvient la chanteuse. La grossesse de Céline est alors savamment orchestrée. Début décembre, elle accorde trois interviews exclusives : l'une à Michel Drucker pour la France, l'autre à Michel Jasmin pour le Québec et la dernière à Oprah Winfrey pour les États-Unis ! Le 15 décem-

bre, René fait pression sur l'éditeur du magazine *7 jours* et l'oblige à changer sa couverture dont le titre ne lui plaisait pas... 200 000 exemplaires sont tout simplement mis au pilon et une nouvelle version réimprimée pour le lendemain ! Pour parvenir à ses fins, le manager de l'artiste la plus célèbre du pays aurait menacé d'annuler l'interview télévisée prévue sur une chaîne appartenant au groupe Trustar ! Cette volonté qu'a René Angélil de contrôler les médias ne date pas de cette période. En 1998 déjà lors de la conférence de presse annonçant que le gala de l'ADISQ serait présenté par Céline, il prononce cette phrase assez emblématique de sa stratégie : « Aujourd'hui, je ne me défends plus, j'attaque ». Malheur aux journalistes qui osent insinuer par exemple que le couple aurait eu des relations sexuelles alors que la chanteuse était encore mineure. Les poursuites en diffamation et les interruptions d'interviews se multiplient tout comme les opérations de séduction auprès des critiques de la presse musicale. Au Québec, les journalistes se sont habitués à recevoir des mises en demeure judiciaires si leurs papiers ne plaisent pas à Monsieur Angélil. Yves Boudreau dans son livre *René Angélil, l'homme derrière Céline Dion* relate que *Médias*, une émission diffusée sur Radio-Canada, a consacré une édition entière à l'influence exercée par l'homme d'affaires sur les journaux. Au final, il en ressortait qu'il « valait mieux être du bon côté si on voulait jouir des faveurs ou du moins ne pas se faire écarter. On parlait même d'une liste noire, de noms de journalistes ou de journaux qu'on évitait d'inviter à certaines premières, conférences de presse ou certains événements spéciaux donnés par le groupe de Céline Dion. » Information démentie immédiatement par les intéressés. Pourtant aujourd'hui encore, certains, même en France, reconnaissent à demi-mot que la star refuse de se rendre sur des plateaux voire sur des chaînes de télévisions trop souvent critiques ou caustiques à son égard. Comme de nombreux managers, René aimerait pouvoir contrôler tout ce qui se dit et s'écrit sur son artiste et au passage ne pas laisser une miette du business lui échapper ! À la fin des années 90, nombreux sont ceux qui souhaitent consacrer un ouvrage à la carrière de Céline Dion. Parmi eux Nathalie Jean, une jeune journaliste qui a accepté de renoncer à son projet en échange de 18 000$ canadiens alors même que l'ouvrage était élogieux. Mais René avait déjà choisi celui qui allait écrire la biographie officielle de sa femme : Georges-Hébert Germain qui n'est autre que le mari de Francine Chaloult, attachée de presse historique de Céline ! L'homme partage l'intimité de la star pendant un an. Il peut rencontrer qui il veut et a même accès à ses archives personnelles. Pour « dédommager » l'éditeur de Nathalie Jean, René lui proposa d'éditer *Ma vie, mon rêve*, co-signé par Céline ce qui lui permet au passage d'empocher une partie des droits d'auteur ! À la même période, Jean Beaunoyer décide contre vents et marées d'écrire un ouvrage non-officiel, *Céline Dion, une femme au destin exceptionnel.* Étrangement toutes les portes se ferment les unes après les autres. Dans l'entourage de la jeune femme, personne n'accepte de répondre à ses questions. Malgré la pression, il ne renonce pas et parvient à sortir son livre.

René et sa femme profitent de cette année sabbatique pour diversifier un peu plus leurs investissements. Ils gèrent désormais la carrière de Garou, révélé dans la comédie musicale *Notre Dame de Paris.* Son premier album solo, « Seul » sort le 7 novembre 2001 boosté par un joli duo avec Céline *Sous le vent.* Les prochains concerts du chanteur seront financés par les Productions CDA, créées par le couple pour gérer les spectacles de Céline, ceux d'André-Philippe Gagnon ou encore de Marc Dupré !

Retour en Floride pour la chanteuse qui accouche le 25 janvier 2001 à une heure du matin d'un petit René-Charles après 14 heures de travail infructueux et une césarienne ! Le bébé, arrivé trois semaines avant la date prévue, pèse 3,2kg et mesure 52 cm.
Même si la maison déborde déjà de cadeaux, Céline devient une cliente assidue des boutiques de layette et de jouets ! Les parents semblent complètement gâteux... René adore jouer avec son fils. Pour le faire rire, il est prêt à toutes les pitreries et il connaîtra bientôt par cœur tous les dessins animés des petits !

Céline confie son amour pour son fils : « e donnerais tout pour lui, je serais prête à mourir pour mon enfant. Il a changé ma vie, il est devenu ma priorité. Mon amour pour lui est plus fort que celui que je peux avoir pour mon mari ou pour ma mère. »

Le « jeune » papa n'en délaisse pas pour autant son rôle de manager. Il aurait vendu pour 500 000$ les premières photos de son fils ce qui provoque une nouvelle fois des critiques virulentes des journalistes québécois. Alain Dubuc, éditorialiste à *La Presse* écrit dans l'édition du 28 février 2001 : « Cette fois-ci, Céline Dion et René Angélil ont vraiment franchi une limite. Plus de trace d'amour pour le public ou de générosité, mais beaucoup de cynisme, et surtout, une grande vulgarité. Même dans la joie de la paternité et de la maternité, le couple célèbre, pourtant à l'aise, a d'abord pensé au marketing et a fait de son enfant une marchandise. »
Six mois plus tard, en juillet 2001 le bébé est baptisé à la basilique Notre-Dame de Montréal devant 200 invités triés sur le volet. Sur le parvis, quelques milliers de fans et presque autant de photographes se pressent contre les barrières de sécurité et assistent au ballet des limousines. Une nouvelle fois, le couple Angélil transforme un événement privé en grand-messe médiatique ce qui ne manque pas d'attiser l'appétit des humoristes. Ce jour-là, l'animateur Jean-René Dufort, sorte de Jean-Yves Lafesse québécois,

arrive monté sur un chameau déguisé en Roi mage pour se moquer de l'ampleur de l'événement. « Sans méchanceté » précise le producteur de son émission, Stéphane Laporte. Les forces de l'ordre ne l'entendent pas de cette oreille et tiennent le trublion à l'écart.

Durant cette période, Céline ne met pas sa carrière de côté. Elle retrouve le chemin des studios pour enregistrer un nouvel album, « A New Day Has Come », produit par Walter Afanasieff, Simon Fraglen, qui a collaboré avec Madonna et Michael Jackson, et Kristian Lundin, que l'on retrouve sur les disques de Britney Spears et N'Sync ! Vito Luprano assure la cohésion de l'ensemble et le résultat ne déçoit pas.
Si Céline est un peu nerveuse les premiers jours, l'ambiance se détend peu à peu : « Quand j'ai commencé à chanter, je me suis dit qu'il fallait que je prenne du plaisir. Je suis arrivée à un moment de ma vie où je n'ai rien à prouver. Alors faire cet album, c'est plutôt fun et relaxant ! »

Céline organise son temps en fonction de son bébé, qui l'accompagne désormais partout. Pour la chanteuse, ce retour à la vie active s'apparente à un retour à la maison : « Je ne vis pas avec le show business à l'esprit tous les jours, mais il est quelque part en moi, comme le Québec. Quand je voyage, une partie de moi reste au Canada, un

peu comme une bougie qui resterait allumée en mon absence. Quand j'ai recommencé à chanter, c'était là et c'était bien ! Mon fils était présent et ça aussi c'était formidable. »Céline avoue qu'elle en avait parfois assez de chanter tous les soirs les mêmes titres inlassablement :
« Quand vous vous arrêtez, que vous profitez de la vie, que vous écoutez les autres au lieu de parler tout le temps, que vous avez un enfant, que vous passez du temps avec votre famille, à votre retour, vous avez à nouveau des choses à raconter et à chanter. Ça permet de se renouveler ! »

En juin 2001, elle assiste au casting organisé à Montréal pour trouver les danseurs qui seront sur scène avec elle à Vegas. René a en effet entendu le désir de sa femme d'un show inspiré du Cirque du soleil. Il a contacté Franco Dragone, alors metteur en scène pour la troupe de Guy Laliberté, qui a accepté de relever le défi !
Le 9 août 2001, elle interromps ce travail en studio pour rejoindre Garou sur le tournage du clip *Sous le vent.* Istan Rozumny le réalisateur garde un excellent souvenir de ce tournage : « C'est un rêve de travailler avec des gens d'un tel professionnalisme, tu leur demandes une chose une fois et ils la font correctement dès la première prise. Toutefois les deux artistes ont eu tellement de plaisir à tourner le clip que le tournage en a été retardé ! On se mettait à tourner et dès que Céline et Garou se regardaient, ils éclataient de rire, alors il fallait recommencer. » On découvre d'ailleurs

cette complicité dans une courte séquence à la fin de la vidéo.

À l'automne 2001, Céline, comme le reste du monde, ressent une immense tristesse et un choc énorme à la suite des attentats du 11 septembre. Elle participe à différentes manifestations organisées en hommage aux victimes : le 21 septembre, elle chante l'hymne national américain dans un téléthon spécial, *A tribute to heroes*, et le 28 elle rejoint plusieurs artistes québécois sur le plateau de *Québec-New York : un show pour la vie.*

Le 28 octobre, Céline fait une apparition surprise sur la scène du gala de l'ADISQ, où elle interprète *Sous le vent* en duo avec Garou. Son protégé, qui connaît déjà un immense succès, remporte ce soir-là quatre Félix !

Alors que Céline revient peu à peu à la vie publique, René-Charles grandit dans un cocon doré : à un an et demi il découvre le golf, sport préféré de ses parents, et se passionne très tôt pour les grosses voitures !
Pour Céline désormais rien ne sera comme avant. Elle ne veut rater aucun des sourires de son fils. Elle veut être là quand il fera ses premiers pas, prononcera ses premiers mots... Elle considère que les premières années sont les plus importantes dans l'éducation d'un enfant et elle refuse de partir à nouveau sur les routes comme avant :

« Si j'étais en tournée et que je ne voyais pas mon fils, je serais malade et je serais incapable de donner le meilleur de moi-même. Je veux être une grande professionnelle dans ma carrière, mais je veux aussi être une maman très pro. J'ai un grand rôle à jouer. Être maman est une grande responsabilité. »

Elle s'aperçoit que son fils se met à pleurer dès qu'elle chante, qu'il semble détester les photographes, les applaudissements, les fans qui détournent l'attention de sa maman… Elle s'inquiète de sa fascination pour un livre musical qui déclenche chez lui des crises de larmes. Alarmée, elle confie son angoisse à un médecin qui lui explique que le petit ressent la peur de sa mère à l'idée de retourner sur le devant de la scène. À cette époque, Céline est sur le point d'annuler les concerts à Las Vegas que René a planifié mais peu à peu les choses rentrent dans l'ordre…

« A New Day Has Come », sort dans les bacs en mars 2002. On retrouve sur cet album *I'm Alive*, tiré de la bande originale du film d'animation *Stuart Little 2* ainsi qu'une adaptation du titre phare des *Dix commandements*, *L'envie d'aimer* rebaptisé *The Greatest Reward*. Shania Twain est présente sur *Goodbye's The Saddest Word* et Céline reprend *Tomber* de Gérald de Palmas qui devient en anglais *Ten Days*. Lors de la conférence de presse, organisée pour l'occasion dans un grand hôtel new-yorkais, Céline confie que la maternité la transformée : « Moi je dis que c'est mon premier disque depuis que j'ai rencontré la vie pour la première fois, lance-t-elle. Donner la vie a été une chose tellement extraordinaire. Je ne serai plus jamais la même personne, je ne serai plus jamais la même chanteuse. Et, pour moi, c'est comme mon premier disque. » Cette nouvelle Céline avoue aussi avoir un peu assoupli ses règles de vie : «J'ai été disciplinée pendant plus de 20 ans. J'ai été cette athlète qui courait les Olympiques pour être la meilleure, mais j'ai fait ça pendant assez longtemps, je n'ai plus besoin de me taper tout ça. » Elle ajoute que désormais elle entend bien profiter un peu des plaisirs de la vie : boire du café, du vin et moins surveiller son alimentation ! Par la force des choses, elle dort moins qu'avant et s'autorise à ne pas pratiquer ses exercices vocaux quotidiennement. Elle ne s'impose plus de périodes de silence, mais évite tout de même de rire aux éclats pour protéger ses cordes vocales.

Alors qu'elle assure la promotion de cet album, Céline doit faire face aux terribles accusations portées contre son mari par une certaine Yun Kyeong Sung Kwon. Le 15 mars, cette femme dépose une plainte contre René Angélil pour tentative d'agression sexuelle. En quelques heures, l'information fait le tour du monde, mais très vite la personnalité de la plaignante laisse penser que cette affaire s'apparente à une triste histoire de chantage. Joueuse invétérée, Yun Kyeong Sung Kwon aurait contracté près de 600 000 euros de dettes auprès de différents casinos. Poursuivie pour fraude, elle passe vite du statut de victime à celui d'accusée ! Céline et son manager contre-attaquent. Quelques mois plus tard, Yun Kyeong Sung Kwon et son mari sont condamnés et arrêtés pour tentative d'extorsion de fonds et pour corruption suite à leur proposition de retirer leur plainte en échange de 13,5 millions de dollars ! Quant à René Angélil, il est blanchi des accusations rocambolesques portées contre lui. Face à la calomnie, Céline et lui ont su rester très unis.

Le 3 avril 2002, Céline Dion participe à une émission spéciale de *La Fureur*, un jeu télévisé très populaire, enregistrée au Centre Molson de Montréal. Elle prend une nouvelle fois congé du public québécois qui ne la reverra pas sur scène avant de longues années puisqu'elle va se consacrer pleinement au show qu'elle donnera pendant au moins trois ans au Caesars Palace de Las Vegas !

10 - A NEW DAY HAS COME

Depuis ce jour de 2001 où elle a assisté à l'une des représentations du Cirque du Soleil, Céline rêve d'un show similaire dont elle serait la tête d'affiche. Son joueur de mari ne pouvait qu'accepter le pari insensé que représentait un tel projet.

Pour convaincre ses partenaires René Angélil sait qu'il peut compter sur la valeur marchande de Céline Dion ! C'est l'une des plus grosses vendeuses de disques, elle remplit les stades aux quatre coins de la planète, ses fans sont fidèles, nombreux, prêts à toutes les folies. Mais la somme à mettre en jeu est importante, on parle de 95 millions de dollars ! Le Caesars Palace, dont le dirigeant est un proche du couple, accepte de jouer le jeu. L'hôtel fait construire pour l'occasion une salle de concerts de 4000 places, le Colosseum, équipée du plus grand écran LED jamais fabriqué en Amérique du Nord. Ce petit bijou de 6 millions de dollars, installé en toile de fond, donne une illusion de profondeur incroyable et transcende les limites physiques de la scène. Pour coller au cahier des charges, la salle doit répondre à la fois à l'exigence de Céline, qui souhaite une grande proximité avec son public, et à celle de Franco Dragone, le metteur en scène, qui veut créer un impact visuel très vaste pour immerger le spectateur dans l'action. L'architecte français, Patrick Bergé, imagine alors un bâtiment circulaire dans lequel le fauteuil le plus éloigné de la scène est à moins de 37 mètres de celle-ci. « Cette forme circulaire rehausse également la qualité de l'acoustique » explique-t-il. Céline suit de près la construction du Colosseum. Le 22 mai 2002 elle se rend sur place à Las Vegas pour visiter le chantier et se rendre compte de l'avancement des travaux.

La loge de la chanteuse atteint elle aussi des dimensions surréalistes. Cet espace qui s'apparente plus à une suite comporte un salon, une cuisine, un bureau, une salle de bain, un espace de massage et un dressing. « Durant quatre ans, elle va passer cinq jours par semaine et peut-être six ou sept heures par jour ici. Il fallait que ce soit très confortable pour elle » explique son manager. Les nombreuses récompenses obtenues par Céline ornent les murs du salon. Une grande toile blanche a aussi été tendue pour permettre aux invités de passage de laisser un petit message affectueux. Des photos de son mari, de son fils et de sa famille sont accrochées un peu partout. Dans cette loge, parsemée de jouets du fait de la présence régulière de René-Charles, peu de personnes de l'équipe sont autorisées à pénétrer. Même les gardes du corps restent à l'extérieur, de l'autre côté de l'énorme porte coulissante en verre fumé. À l'intérieur, les murs sont recouverts de suède d'un gris clair très lumineux avec lequel s'accordent parfaitement les deux immenses sofas qui entourent une table basse recouverte en permanence de magazines de mode ! La cabine de maquillage est étonnante elle aussi avec de part et d'autres d'un grand miroir des bibliothèques en chêne foncé sur lesquelles sont rangées les biographies des célébrités que Céline admire : Franck Sinatra, Coco Chanel, Rita Hayworth...

Pour protéger la voix de sa diva, René Angélil exige qu'un système complexe d'humidification de l'air soit mis en place dans tout le théâtre. Coût de l'opération : 2 millions de dollars !

La production du show est assurée par la firme Concerts West, dont les bureaux sont à Los Angeles. Cette société, dirigée par John Meglen et Paul Gongaware, est l'une des plus importantes maisons de production et de promotion de spectacles musicaux. Spécialisés dans les shows surdimensionnés dans les stades ou les très grandes salles, ils ont notamment travaillé avec Britney Spears ou les Eagles. En mai 2001, John Meglen se félicite de ce partenariat : « Nous sommes très heureux de travailler avec le Caesars Palace, qui possède lui-même une riche tradition en tant qu'hôte de spectacles et d'événements d'envergure internationale. C'est également un privilège pour nous que d'être associés à Céline Dion, René Angélil et Franco Dragone, trois personnes considérées comme quelques-uns des plus illustres talents dans leurs domaines respectifs, mais aussi comme des partenaires prestigieux. »

Pour financer *A New Day*... ils s'adressent au constructeur automobile Chrysler, qui accepte de sponsoriser l'événement. Céline signe d'ailleurs un contrat publicitaire de 14 millions de dollars avec la marque pour booster les ventes de son nouveau modèle le Pacifica. Mais les retombées ne sont pas à la hauteur de la somme engagée. Pire, ce sont les albums de la chanteuse qui bénéficient de la publicité mais pas la voiture. Le PDG de Chrysler décide alors de suspendre la campagne.

A New Day Has Come est à la hauteur des rêves de Céline et des attentes du public. Mis en scène par Franco Dragone, l'un des piliers du Cirque du Soleil, il contient tout ce qui fait la magie des spectacles de cette troupe hors norme. Le survol de la scène par une parade d'instruments de musique géants sur *World on a String* ou les chorégraphies qui donnent l'impression de voir des tableaux surréalistes en mouvement sont les marques de fabrique du metteur en scène. Comme le souhaitait Céline chaque chanson fait vivre au public une expérience visuelle unique dans laquelle les décors, les projections vidéos, les costumes, les jeux de lumières jouent un rôle aussi important que les chorégraphies ou que la voix de la chanteuse. Franco Dragone présente avec passion son projet : « Notre objectif est de créer un spectacle unique en son genre, une fusion originale de musique, théâtre, danse et innovations techniques... Je vois en Céline un satellite qui capture les images. Elle s'approprie la scène pour créer son propre univers et le faire partager intimement à son public. Ce show met en évidence l'immense talent de Céline sous une nouvelle forme d'art. Nous souhaitons intensifier et amplifier les cinq sens de sorte que chaque spectateur quitte le spectacle en voyant davantage qu'il ne le faisait auparavant. Notre but est de révéler les mots derrière les mots ». Le metteur en scène a accepté sans aucune hésitation ce challenge lancé par Céline dont il admire le talent, l'ouverture d'esprit et la disponibilité. Il garde en mémoire sa première rencontre avec la chanteuse et son mari : « Lorsque j'ai rencontré Céline et René dans leur maison de Floride j'ai ressenti une certaine magie. Une nouvelle alchimie est née et celle-ci a inspiré le développement de notre partenariat et la création du show. »

Mais avant d'investir la salle du Caesars Palace, toute la troupe prend la route de la Belgique. Dès le 24 juin 2002 les 60 artistes qui accompagneront la star sur scène arrivent à La Louvière, à 50 Km au sud de Bruxelles, pour quatre mois de préparation et de répétitions intensives. Plusieurs castings ont été nécessaires pour les sélectionner. Ces auditions se sont déroulées à Amsterdam, Londres, Paris, Montréal, Las Vegas, Chicago, New York, Los Angeles et même La Louvière… Au total près de 4000 personnes ont tenté leur chance. Parmi elles 1500 ont été sélectionnées pour qu'au final, il n'en reste qu'une petite soixantaine. Pendant les répétitions, des ateliers de danse, de chant, de percussion, de funambulisme, d'acrobatie et de théâtre sont organisés. Ce séjour dans une ville de petite taille où les distractions se font rares est un souhait de Dragone qui espère ainsi favoriser la concentration et l'introspection. Ils sont rejoints par Céline le 15 octobre qui s'installe pour un mois. Quelques jours après son arrivée, les journalistes sont conviés à une conférence de presse, au cours de laquelle elle présente le show et confie son sentiment sur les semaines à venir : « Pour la première fois de ma carrière, je vais pouvoir prendre le temps de me consacrer exclusivement au spectacle. C'est une nouvelle expérience. Je n'ai jamais eu la chance de mettre les cartes sur table et d'essayer de me mettre à nu. Je me découvre moi-même. Ici on va réussir à se surpasser ! »

Pas question néanmoins de partager un hôtel avec le reste de la troupe, la famille Angélil s'installe dans une grande maison avec piscine à quelques kilomètres de là… Chaque jour des centaines de fans l'attendent en vain. Céline a décidé de se concentrer sur ses répétitions, elle ne leur accorde que très peu de temps.

Chaque matin, elle suit un entraînement physique avec un entraîneur olympique puis rejoint les autres artistes et participe avec eux aux différents ateliers. Cette activité physique intense pourrait être la cause d'une faiblesse aux genoux qui l'handicapera par la suite au moment du show, l'obligeant à annuler quelques dates et à laisser sa place dans l'envol spectaculaire qu'elle réalisait elle-même lors des premières représentations.

Durant ce séjour, on peaufine aussi les costumes de scène. On réalise notamment un moulage de sa tête pour la confection des chapeaux. Une attention minutieuse est apportée à chaque détail pour que le spectacle soit à la hauteur du prix des billets : de 88 à 225$ selon les places...

Le 25 mars 2003, la première de *A New Day Has Come* peut enfin avoir lieu...Céline foule pour la première fois cette scène impressionnante construite pour elle dans une ville où la démesure est de rigueur. L'accueil du public est enthousiaste, la presse élogieuse. Oprah Winfrey ira jusqu'à dire que c'est le plus beau spectacle qu'elle ait vu de sa vie ! Seule une coupe de cheveux très courte et une nouvelle couleur, blond platine, valent quelques critiques à l'encontre de Céline.

Au cours des quatre années passées à Las Vegas, la diva a tenu à faire évoluer le show. Ainsi au début de l'année 2005 elle décide d'insérer *Pour que tu m'aimes encore* dans

son tour de chant parce que ses fans francophones se plaignent de l'absence de titres en français. À la même période, elle ne démarre plus par *A New Day Has Come* mais par *Nature Boy* qui fonctionne mieux. À chaque nouvel album enregistré, un ou deux titres sont aussi rajoutés au spectacle.
Un an après la première représentation, de nouveaux costumes font leur apparition sur scène. Ils sont signés John Galliano et Emanuel Ungaro, deux figures emblématiques de la haute couture. Les quatre tenues de Céline sont des pièces uniques confectionnées à la main à Paris dans des tissus de très grande qualité, la soie, la mousseline, la dentelle et le feuilleté doré. Ce travail a été effectué en étroite collaboration avec l'équipe de création dans le choix des matières et des coupes afin que les costumes soient fonctionnels. « Chaque costume a été créé pour accentuer les éléments très visuels du spectacle » affirme la directrice de la création Seble Maaza. « Les créations de Galliano et Ungaro évoquent les différentes humeurs déterminées par la musique de Céline et les atmosphères sur scène – élégante, féminine, sensuelle, audacieuse et éthérée. » De nouvelles tenues ont aussi été réalisées pour les danseurs. « Les nouveaux costumes que portent Céline et les artistes avec qui elle partage la scène sont un mélange sophistiqué de haute couture et de costumes de scène de haute gamme, » affirme Pavel Brun, l'adjoint au metteur en scène de *A New Day...* « Certaines des maisons de couture

ayant la plus grande renommée ont créé d'élégants costumes pour Céline, et les créations pour les membres de la distribution accentuent et font avancer la chorégraphie et l'ambiance du spectacle. Ensemble, les costumes offrent à l'auditoire un élément visuel unique qui devient une partie intégrale de l'expérience. »

Avec ce show en résidence à Las Vegas, Céline aspirait à une certaine stabilité dans sa vie de famille. La jeune maman souhaitait pouvoir se consacrer pleinement à son fils. Pour trouver cet équilibre entre vie professionnelle et vie privée, elle se fait construire une jolie villa à une vingtaine de minutes du Caesars Palace. « Une maison plutôt cosy, déclare-t-elle, avec trois chambres. Mes parents pourront ainsi y séjourner plusieurs mois. »

Les jours de concert, elle arrive au Colosseum, quelques heures avant le début du show pour un brief rapide avec Suzanne Gingue, la responsable de la « tournée ». Avant et après le show, Céline s'abandonne aux mains expertes de Rollande Savard Soulière qui lui prodigue quotidiennement des massages décontractants et un traitement d'électrothérapie ! Sa performance exige en effet qu'elle soit dans une forme physique exceptionnelle. Céline pratique régulièrement le yoga et le Pilates.
Durant les six premiers mois, René assiste chaque soir à la représentation. Par la suite, il ne viendra en moyenne

qu'une fois par semaine mais il n'est jamais très loin…
Chaque soir le public acclame Céline qui ne peut quitter la salle avant un minimum de quatre *standing ovations*. Les fans planifient leur voyage de longues semaines à l'avance. Des agences commercialisent des packs spéciaux avec le vol, l'hôtel et la place de concert. Mais pour la première fois depuis de longues années, la chanteuse doit aussi séduire un public de passage, qui n'est pas là spécialement pour elle. Son show est devenu une sorte d'institution, comme celui du Moulin Rouge à Paris par exemple.
René-Charles, quant à lui, est décalé depuis sa naissance. Il ne s'endort jamais avant deux ou trois heures du matin ce qui laisse le temps à ses parents de jouer avec lui quand ils rentrent à la maison après un concert. Le lendemain, il ne les réveille jamais avant deux heures de l'après-midi !
La première année à Las Vegas de Céline est endeuillée par la perte de son père. Le 30 novembre 2003 elle apprend la mort d'Adéhmar alors âgé de 80 ans. Elle décide, malgré les conseils de René, de monter sur scène : « Ce soir-là, je lui ai conseillé de ne pas faire le spectacle, mais elle y tenait parce que son père était son plus grand fan. C'est elle qui a décidé de faire le spectacle. Après, elle s'est effondrée et elle a pleuré pendant je ne sais plus combien de temps » se rappelle-t-il avec émotion. Michel Dion, engagé comme régisseur sur le spectacle, avoue que ce soir-là sa sœur l'a impressionné : « Elle est montée sur scène, elle a dit au public : nous venons de perdre notre père, ce show

sera difficile à faire, mais nous allons le faire ».
Ce deuil la plonge dans une profonde tristesse et une angoisse particulière liée à la réaction de son fils René-Charles, très proche de son grand-père. Après ce concert maintenu en hommage à Adhémar, la chanteuse annule néanmoins quelques dates pour se rendre au Québec où les obsèques sont célébrées le 4 décembre.

Alors que beaucoup lui prédisaient un échec cuisant, Céline Dion peut se féliciter d'avoir remporté haut la main son pari insensé. Dès la première année, les recettes s'élèvent à 80,5 millions de dollars. *A New Day...* se classe à la deuxième place des tournées les plus rentables en 2003 et à la troisième place en 2004. Au total le spectacle rapporte près de 400 millions de dollars ! Avec un tel succès, Céline s'est vu proposer à deux reprises de prolonger son show. Elle a accepté une première fois en 2006 alors que le millionième spectateur venait d'être accueilli au Colosseum. Si le cachet initial de l'artiste d'un montant de 100 millions de dollars pour trois ans avait été rendu publique, celui qui couvre la dernière année reste confidentiel. René explique que par la suite elle a pris elle-même la décision de ne pas s'engager dans de nouvelles prolongations : « On s'est fait offrir de continuer, mais elle souhaitait aller voir le monde avec notre fils. C'est la décision du gérant qui veut faire ce qu'il y a de mieux pour son artiste. » Il avoue cependant que Céline pourrait revenir un jour chanter à Vegas mais pas avec ce spectacle ! Le couple semble avoir apprécié son séjour dans la capitale du jeu puisqu'il a décidé de conserver la maison dans laquelle ils ont vécu durant ces cinq années : « On la garde parce qu'on va revenir ici. Pas pour donner des shows, mais simplement pour revenir à Las Vegas. En fait, c'est Céline qui ne veut pas vendre la maison. Au départ, l'idée était de la vendre à la fin du contrat, mais c'est ici que René-Charles a grandi. Il est arrivé ici quand il avait un an et demi et il aura sept ans quand on va partir. Il y a plein de souvenirs rattachés à cette maison… » confie René Angélil qui, on l'imagine, doit être ravi de la décision de sa femme !

Le 15 décembre 2007 le rideau tombe définitivement sur *A New Day Has Come*marquant la fin d'une aventure qui aura finalement duré presque cinq ans et rassemblé près de 3 millions de fans venus du monde entier applaudir Céline. Avant de quitter la scène, la diva a tenu à adresser quelques mots aux spectateurs présents ce soir-là : « Cette expérience a été l'une des plus incroyables de ma carrière ! Travailler avec Franco Dragone, avec une équipe d'artistes aussi incroyable chaque soir, savoir que nous avons eu les meilleures équipes autour de nous, les meilleurs partenaires avec qui travailler, dans ce théâtre magnifique ce fût un rêve devenu réalité ! Ça me manquera de ne plus être avec cette famille, ces gens extraordinaires qui sont devenus une part importante dans ma vie au cours des cinq dernières années. Je suis reconnaissante à chacun d'entre eux pour avoir fait de notre spectacle un succès. Mais par-dessus tout, je suis éblouie par le soutien que nous avons reçu de la part de tous les fans qui ont voyagé de l'Amérique du Nord et de tous les coins du monde à Las Vegas... Je ne pourrais jamais les remercier assez ! »

Quelques jours avant cette dernière, dans une interview, René Angélil tirait un premier bilan de cette aventure extraordinaire : « Je ne suis pas seulement satisfait, je suis aussi très fier. À Las Vegas, ça ne s'est jamais fait auparavant, de donner 723 spectacles à guichets fermés. C'est la première fois depuis Elvis Presley qu'une superstar s'installe ici. On a remonté le niveau des spectacles d'artistes populaires qui viennent ici. Ce qu'on a fait, c'est qu'on a mis la barre un peu plus haut. » Il avoue avoir tremblé plus d'une fois durant ces cinq années : « Chaque fois que nous avons eu à annuler des spectacles, ça a été très difficile. D'abord, on était très inquiets pour la santé de Céline. Quand on annule, c'est parce que c'est grave, pas à cause d'un rhume ou d'une grippe. On s'est chaque fois demandé si elle allait pouvoir tenir le coup. Ensuite, il y a les spectateurs qui ont voyagé et qui ont dépensé pour venir la voir. C'est quand même triste de voir des gens venir d'aussi loin que l'Asie pour voir un spectacle qui est annulé. En tout, on a annulé 18 représentations depuis mars 2003. »

Gary Selesner, patron du Caesars Palace, s'est lui aussi félicité de cette collaboration : « En tant qu'artiste, Céline Dion a élevé la barre du succès à Las Vegas et a solidifié notre engagement envers nos clients afin de leur offrir les meilleurs divertissements à Las Vegas. Le Caesars Palace est fier d'avoir accueilli ce spectacle pendant cinq ans et Céline et son époux, René, vont nous manquer. Nous allons toujours les considérer comme des membres de la famille du Caesars Palace. »

Une page se tourne, mais Céline ne s'accorde aucun répit avant de se lancer dans une nouvelle aventure.

11 EN MARGE DE VEGAS

Alors que les médias se focalisent sur *A New Day Has come*, le show événementiel de Las Vegas, Céline Dion connaît quelques déboires dans la poursuite de sa carrière discographique. À vouloir mener de front plusieurs projets en même temps, elle ne parvient plus à mettre l'énergie qui la caractérise dans tout ce qu'elle entreprend. Sa santé lui joue des tours et elle multiplie les impairs.

Le jour même de sa grande première à Vegas, elle sort un nouvel album en anglais, « One Heart » dont le premier extrait, *I drove all night* est une chanson de Roy Orbison, reprise auparavant par Cindy Lauper. Le virage dance/R'n'B pris par Céline sur cet album est très moyennement apprécié par le public qui accueille plutôt frileusement ce nouvel opus dont les ventes atteignent cependant cinq millions d'exemplaires dans le monde. Un score, certes honorable, mais bien en dessous des chiffres obtenus par les précédents.

Le 13 octobre 2003, elle lance sur le marché français « 1 fille & 4 types », un album plutôt atypique dans son parcours, sur lequel Céline, entouré d'Éric Benzi, Jacques Véneruso, Gildas Arzel et Jean-Jacques Goldman à la guitare, enchaîne ballades intimistes, pop entraînante et morceaux acoustiques qui donne une note blues à l'ensemble.

Le premier extrait *Tout l'or des hommes* est le seul titre à remporter un joli succès commercial. La chanteuse n'est pas assez présente dans l'Hexagone pour assurer la promotion de son disque. Le public la boude et son absence aux NRJ Music Awards met à mal ses relations avec la radio qui en représailles passe de moins en moins ses titres !

Consécration ultime pour une star, le 6 janvier 2004, Céline inaugure son étoile sur le célèbre *Walk of Fame* d'Hollywood Boulevard. La cérémonie, initialement prévue en mars 2003 avait été annulée pour cause de guerre en Irak. La chanteuse honorée pour les 155 millions d'albums qu'elle a vendus dans le monde assiste, très émue, à cette manifestation vêtue d'un tailleur crème très strict, une écharpe noire serrée autour du cou peut-être en signe de deuil. Elle ne peut d'ailleurs pas s'empêcher de verser quelques larmes en pensant à son père disparu trois mois auparavant.
Céline commence à accuser une certaine fatigue. En février elle est hospitalisée quelques jours. Suite à une inflammation des sinus, elle a soudain été prise d'une violente crise d'asthme qui l'empêche de respirer. Ce problème sera récurrent durant toute la période *A New Day...*

Cette même année, Céline se lance dans les cosmétiques et succombe à la mode ambiante du parfum de star ! Au total sept fragrances différentes, déclinées en bain moussant, lait pour le corps, gel exfoliant, poudre parfumée, bougie etc sont commercialisées, notamment sur son site officiel à côté du merchandising plus traditionnel ! L'artiste devient de plus en plus un produit marketing ce qui nuit quelque peu à son image.

Le 14 juin, Sony commercialise un « Live at Las Vegas » avec deux titres inédits, *You And I*, qui sert de support à un spot publicitaire d'Air Canada»et *Ain't gonna look the other way*. Succès mitigé. La voix de Céline n'est pas au top sur cet enregistrement. Prise en faute au cours de la cérémonie des Grammys la même année où le perfectionnisme qui la caractérise semble derrière elle, elle finira par avouer dans une émission sur une chaîne américaine qu'elle s'est laissée aller, qu'elle n'a pas assez travaillé sa voix, qu'elle s'est trop éloignée de la télévision. Elle avoue ne plus être capable d'interpréter *All by myself* comme avant. À l'époque, certains fans pensent qu'elle a parfois recours au playback, ce qu'elle a toujours nié catégoriquement.

L'entente signée entre la chanteuse et la compagnie aérienne, dont le montant s'élèverait à 3 millions d'euros, n'arrange pas les relations tendues entre le public québécois et la star. Pour honorer son contrat, elle donne un concert au Québec, qualifié de froid et rapide par la presse qui une nouvelle fois lui reproche de négliger ses premiers fans.

En octobre 2004, le public français déplore son manque d'implication lors d'un prime de *Star Academy*. Interviewée en duplex depuis Vegas, elle ne connaît visiblement rien du jeune garçon, qui a déjà conquis le cœur de la France entière. En lieu et place du duo promis, Grégory Lemarchal chante devant un écran sur lequel sont projetées des images du clip *Sous le vent*. La voix de Céline provient d'une bande son
enregistrée à Bercy ! Profondément déçu le jeune garçon aurait d'abord refusé de se prêter à cette mascarade, mais la production l'aurait contraint à jouer le jeu.

Toujours en 2004, Céline entame une collaboration avec la photographe Anne Geddes, spécialisée dans les clichés de bébés mis en scène de manière à la fois drôle et charmante. La chanteuse enregistre une série de berceuses originales regroupées dans un CD baptisé « Miracle » qui sera commercialisé avec un livre de photos d'Anne Geddes. Les deux femmes se connaissent depuis de nombreuses années. Elles se sont rencontrées au chevet d'une petite fille atteinte d'un cancer, dont la photographe et son mari étaient très proches. Elles se découvrent des valeurs communes et partagent un amour immodéré des relations familiales. Peu à peu l'amitié les réunit et l'idée de travailler ensemble commence à faire son chemin. Céline confie à l'époque à la presse son désir de vivre une expérience nouvelle : « Je pense que cela devait arriver. Dans ma carrière, qui est véritablement ma vie, je suis arrivée à un point où je désirais ajouter un élément de scène qui compléterait ma musique. Les chansons d'amour et berceuses de "Miracle", combinées aux images de ces beaux bébés d'Anne, constituent un projet unique qui nous tient beaucoup à cœur. »

La séance photo s'avère être une grande première pour toutes les deux. Si Céline n'a jamais posé avec des enfants, la photographe n'a pas l'habitude de shooter des adultes : « J'étais nerveuse à propos des prises de vue avec Céline. Le premier jour, je ne pouvais m'empêcher de penser "c'est une adulte", et prendre des photos d'adulte ou créer des vêtements pour eux n'est pas vraiment conforme à mes habitudes de travail. » Malgré leur amitié, Anne Geddes s'inquiète des réactions de la chanteuse face aux imprévus inhérents à ce genre de prises de vues : « J'ai dit à Céline ce que je dis à tous ceux qui posent avec des bébés :"Ce ne sera pas comme un jour de travail ordinaire pour toi, ni comme aucune séance de photos précédente. Tu vas être mouillée, et il se passera des choses inattendues…" » Tout se passe finalement le plus naturellement du monde. Comme à chaque fois, des jeunes parents choisissent de confier leurs enfants à Anne Geddes pour quelques heures, le temps de la prise de vue : « Je suis immensément reconnaissante aux parents de tous les bébés de "Miracle", qui ont volontairement confié leurs petits nouveaux-nés à

Céline et moi. Je me sens vraiment honorée. C'est une responsabilité incroyable ; chaque bébé est un être humain totalement vulnérable. Les gens sont conscients de qui je suis et de ce que je réalise. Ils viennent car ils me font confiance, et Céline fut un bonus supplémentaire.» »Sur le plateau, la photographe chouchoute ses modèles. Elle n'hésite pas à changer leurs couches s'il le faut et sait aussi apaiser les gros chagrins de ces tout petits bébés.
Céline aussi adore les nouveaux-nés, elle n'a pas hésité à leur fredonner des chansons douces, à jouer avec eux, à leur parler. Pour elle cette série de photos est un pur moment de bonheur. Confiante dans le talent de son amie, elle ne regardera aucun cliché avant les épreuves finales : « Je voulais découvrir la magie et le miracle de la créativité d'Anne une fois le travail terminé. »
L'alchimie qui se dégage du projet repose sur leur vision commune de la naissance, qu'elles considèrent comme un miracle qu'il est impératif de célébrer et de protéger. Anne Geddes voit d'ailleurs dans le talent de Céline le reflet de leur amour partagé pour les enfants. « C'est très émouvant de porter un enfant et d'être si proche de la pureté. La meilleure chose à faire est de les présenter et de montrer au monde que ceci est la seule chose qui compte » explique la chanteuse lorsqu'elle présente « Miracle »qui sort en octobre 2004 dans le commerce. « Miracle » remporte un joli succès !

L'année suivante, le public peut revivre la saga Céline Dion en musique grâce à une compilation baptisée « On ne change pas ». Sur ce premier best-of en français, on découvre plusieurs inédits : *I Believe in You* en duo avec le groupe Il Divo, *Tous les secrets* et *Je ne vous oublie pas*, véritable déclaration d'amour à ses fans francophones. Céline leur chante :

« Même à l'autre bout de la terre
Je continue mon histoire avec vous… »

L'album sort en France en octobre 2005. Pour assurer la promotion, la diva se déplace sur la plateau de la *Star Academy*. L'émission bénéficie ce soir-là d'un pic d'audience avec 7,8 millions de téléspectateurs devant leur téléviseur ce qui représente 36,8% de parts de marché pour TF1 ! Interrogée par *Le Parisien* lors de son marathon promotionnel à Paris elle confie : « Ce disque, c'est l'histoire de ma vie. Il me permet de revivre ce que j'ai vécu. À 17 ans, je ne savais pas quoi dire, je vivais un peu des amours cachées. À 25 ans, je faisais le tour du monde. Je n'ai pas eu une vie d'adolescente et de jeune femme normale. J'étais très jeune, je n'avais pas d'expérience. Je passais d'une chose à l'autre constamment. Désormais, je peux m'asseoir et prendre conscience que, derrière moi, il y a toutes ces belles chansons. »

Un petit tour et puis s'en va... Céline repart pour Las Vegas où son show a trouvé son rythme de croisière, permettant au Caesars Palace de rentabiliser largement ses investissements ! *A New Day Has Come* est devenu l'une des attractions les plus prisés des touristes venus du monde entier s'offrir quelques heures de frisson dans l'enfer des salles de jeux !

Alors qu'elle joue les prolongations, pour éponger les dettes de son mari disent les mauvaises langues, Céline Dion enregistre un nouvel album « D'Elles » enregistré en partie au Québec en décembre 2006 et à Las Vegas. Écrit exclusivement par des femmes, supervisé par un homme, Jean-Jacques Goldman, ce disque se veut différent des autres CD de la chanteuse. Les romancières Nina Bouraoui, Christine Orban ou encore Françoise Dorin se prêtent au jeu. À leurs côtés, on trouve des grands noms de l'écriture au Québec : Janette Bertrand, Lise Payette, Marie Laberge et Denise Bombardier. Dans *La diva*, cette dernière permet à Céline de rendre hommage à Maria Callas à qui elle porte une grande admiration :

« Tous les bravos du monde
N'ont pas pu secourir
Maria la magnifique qui s'est laissée mourir
J'avoue que certains soirs quand la foule applaudit
C'est à elle que je pense, à qui je dis merci

Il faut avoir gravi les sommets de silence
Pour sentir la douleur de sa désespérance
Et pour avoir chanté jusqu'au bout de mon âme
Je me suis reconnue à travers cette femme (...) »

L'album sort le 21 mai 2007 en Europe et au Canada. Pour reconquérir le public, Céline ne ménage pas sa peine. Elle retourne à Montréal enregistrer une émission de deux heures diffusée sur la chaîne TVA. Présenté par Julie Snyder, star incontournable du petit écran québécois, le show fait la part belle aux auteurs de l'album. Céline semble ravie de ce retour aux sources. Avec l'humour qui la caractérise, elle se lance dans une imitation des personnages des Têtes à claques, site humoristique lancé en 2006 qui propose des sketchs d'animation dont certains sont maintenant diffusés sur Canal +. Céline offre aussi aux téléspectateurs une séquence émotion en interprétant un poème écrit par une jeune trisomique.

Les singles s'enchaînent, le premier *Et s'il n'en restait qu'une (je serais celle-là),* signé Françoise Dorin est accompagné par un clip tourné à New York dans lequel Céline se démultiplie. Pour le second, *Immensité*, signé Nina Bouraoui, sorti en août 2007, la chanteuse assure la direction artistique de la vidéo, tournée dans les paysages sublimes du désert du Nevada. À la fin du clip, son mari et son fils viennent rejoindre Céline pour une attendrissante photo de famille... Fin janvier 2008, les radios reçoivent un nouveau simple *À cause*, suivi un mois plus tard par *Le temps qui compte* … Difficile de s'y retrouver mais le succès est quand même au rendez-vous, principalement au Canada où l'opération séduction lancée par Céline a porté ses fruits.

12 UNE DIVA SUR GRAND ÉCRAN…

Si Céline Dion a depuis quelques années obtenu son droit d'entrée dans le club très fermé des divas, son existence ne ressemble en rien à celle de Maria Callas, la plus célèbre d'entre elles ! Une voix incomparable, des amours contrariées et une fin dramatique ont transformé la vie de la sublime Maria en tragédie moderne. Un beau scénario de film…

Si dans son dernier album francophone, « D'Elles », Céline Dion rendait un vibrant hommage à Maria Callas, jamais elle n'avait encore publiquement fait état de son désir de l'incarner un jour sur grand écran… Pourtant cela fait quelques années que l'idée lui trotte dans la tête. Comme toujours, le premier informé de cette envie fût son mari et manager, René Angélil. Fin stratège, il vit tout de suite le potentiel d'un tel projet. Il confia alors le dossier à Denise Robert, directrice de la société de production Cinemaginaire. L'info reste confidentielle jusqu'au jour où Céline lâche, au cours d'une table ronde organisée à Londres avec des journalistes : « C'est un secret mais je n'ai pas peur d'en parler parce que même si ça ne se faisait pas, ça ne serait pas grave. » La star précise néanmoins qu'elle se voit déjà à la cérémonie des Oscars, allant chercher son prix devant sa mère, son fils et son mari : « J'imagine très bien la scène. Je monte sur scène et je me mets à parler en grec, puis en français parce que c'est d'où je viens, puis en anglais. Ça peut paraître drôle, mais ça va arriver. Et même si ça ne se réalisait jamais, si le film ne se faisait pas ou si je ne gagnais pas d'Oscar, c'est une belle image. Et ça me rend heureuse. » Céline dans les pas de Marion Cotillard, la Callas après la Môme Piaf… Un rêve qui pour elle s'apparente déjà à une réalité : « Je ne rêve pas, je suis vraiment éveillée. Je pars en tournée puis nous essaierons d'avoir un bébé et si tout va bien, on fera ce film par la suite. Ce ne sera pas un petit film pour la télé, ce sera partout dans les salles de cinéma ! ». Céline, l'ambitieuse, est de retour !

Après avoir été transformée en Callas, par Kevyn Aucoin, célèbre maquilleur hollywoodien pour son livre *Face Forward*, publié en 2001, puis par Karl Lagerfeld le temps d'une séance photos, Céline espère maintenant donner vie à la Diva et pourquoi pas interpréter ses chansons. Elle a confié au journaliste people Henry-Jean Servat qui lui posait la question : « Je vais essayer, mais si ça ne fonctionne pas, on entendra la voix de Maria Callas. »

Le projet avance à son rythme, Denise Robert, qui reçoit désormais toutes les propositions destinées à Céline, rencontre des scénaristes pour trouver celui ou celle qui mettra en scène cette aventure cinématographique, que l'on image volontiers titanesque… Elle confie sa protégée à

Denise Filiatrault qui la coache et la prépare pour son futur travail d'actrice. « Je suis très content de ce choix, Denise a tellement de vécu, de talent, que Céline est privilégiée » confie René presque aussi sûr de son coup que sa femme ! Lui qui, au départ, l'a toujours poussée à être la meilleure et n'a jamais caché son ambition à propos de Céline se montre aujourd'hui amusé par l'audace de son artiste : « Dans le show-business, tout le monde rêve de se voir aux Oscars ou de gagner un Grammy, mais personne ne le dit. Céline m'en a parlé un soir, il y a longtemps, mais je ne pensais jamais qu'elle dirait ça aux journalistes. Mais Céline est un grand livre ouvert, c'est pour ça que le monde l'aime. Et dans le fond, elle a raison quand elle dit qu'avant elle ne pouvait pas dire ces choses-là, et que si ça ne se réalise pas, ça ne sera pas grave. Je sais que c'est comme ça qu'elle pense. »

Céline, comparée souvent à une Diva, assure que ce qui l'attire chez Callas c'est avant tout sa tristesse et sa quête d'amour incessante. Elle s'intéresse plus à la femme qu'à l'artiste.

Mais en attendant d'incarner Maria sur grand écran, elle sera l'héroïne d'un téléfilm mettant en scène sa propre vie. *Céline*, dont le scénario a été écrit par Donald Martin, retracera le parcours d'une jeune fille ordinaire de Charlemagne jusqu'au sommet de la gloire ! À peine lancé, le projet fait déjà des remous au Québec où l'on reproche au producteur, Lazlo Barna, de tourner le film en anglais, qui plus est dans la région de Toronto ! Il justifie son choix en expliquant que Céline transcende les frontières. Pourtant, la raison principale semble d'ordre financier. Avec un peu plus de budget le film aurait pu être tourné dans les deux langues, française et anglaise. L'argent provenant essentiellement d'investisseurs basés à Toronto et notamment de CBC, la chaîne publique canadienne anglophone, il n'était pas question de tourner à Montréal et encore moins en français. Si Radio Canada, contactée en premier lieu, avait accepté de diffuser ce téléfilm, les choses se seraient sans doute passées différemment.

De même, il renvoie dans les cordes ceux qui l'accusent de vouloir se faire de l'argent sur le dos du couple : « Je ne fais pas d'exploitation. Ce qui m'intéresse ce sont les histoires de nos grands Canadiens. Nous tournons des séries de qualité avec les valeurs canadiennes. » Il avoue avoir toujours apprécié la musique de Céline Dion et se montre fasciné par son histoire d'amour et par sa réussite : « Je sais ce que ça prend pour arriver là où ils sont. Je sais à quel point c'est rare de devenir une gigantesque star comme Céline. Je sais comment l'industrie est difficile. Je veux montrer comment une fillette de Charlemagne est parvenue jusque dans la tête des gens, de l'Australie à New York en passant par Budapest ! »

Si le producteur n'a pas reçu l'aval de Céline et René pour ce projet, il prétend ne pas chercher la controverse et assure qu'il n'y aura rien de scandaleux dans le scénario : « Autorisée ou non, droits acquis ou non, il faut être fidèle à la réalité et plaire au public. Chaque scène doit être vérifiée méticuleusement. La vérité est plus intéressante que la fiction. »

Côté distribution, la production a privilégié le talent des acteurs à leur ressemblance physique avec les personnages. Christine Ghawi, actrice canadienne peu connue jusqu'ici, incarnera la chanteuse à l'âge adulte. Pour décrocher ce rôle elle a visionné des heures de vidéo sur YouTube pour s'approprier les mimiques de Céline. Elle se montre très enthousiaste et très heureuse : « J'ai vue Céline dans l'émission de Larry King au lendemain de l'ouragan Katrina. J'ai remarqué sa passion, son feu. En la voyant je me suis sentie fière de faire partie de ce projet. » Le fait que Christine soit elle-même chanteuse a sans doute joué en sa faveur et lui permet de mieux appréhender son personnage : « Je comprends pourquoi elle est si populaire. Ses chansons sont très difficiles et elle tient la note longtemps. Elle dégage beaucoup d'émotion, elle raconte une histoire en chantant ». Coachée par Elaine Overholt, qui a conseillé, entre autres, Catherine Zeta-Jones et Richard Gere pour le film *Chicago*, Christine doit interpréter, en playback, huit chansons de Céline qui sont en réalité

chantées par Trish O'Brien. Elaine s'est aussi chargée de la jeune actrice qui incarne la chanteuse enfant.
Pour le rôle de René c'est Enrico Colantoni, que l'on a pu voir dans *A.I : Intelligence Artificielle* de Steven Spielberg, qui a été retenu. Cet acteur américain, né à Toronto, ne connaissait que très peu de choses sur son personnage avant le début du tournage. Il l'avait vu dans des parties de poker retransmises à la télévision et aperçu aux côtés de Céline dans des émissions. Quand il l'évoque, il dit n'avoir aucun a priori sur lui, ne pas avoir lu ce que raconte la presse people : « Tout ce que je sais, je l'ai trouvé dans le scénario, c'est un homme doux, attentionné, quelqu'un de calme, loyal et intègre… »
Louise Pitre et Peter MacNeill auront la lourde tâche d'incarner Thérèse et Adhémar Dion, les parents de la star. L'acteur se dit très flatté d'interpréter cet homme un peu rustre, mais qui a accompli le rêve musical qu'il avait pour sa famille. Pour lui l'histoire de cette famille ressemble à celle de beaucoup d'autres, à commencer par la sienne :
« Ma famille, originaire du nord du Nouveau-Brunswick, était pauvre. Nous avons dû déménager à Montréal, sans argent, où j'ai moi aussi trouvé le succès. »
Quant à Louise Pitre, pour comprendre la force de Thérèse elle a lu sa biographie et s'est peu à peu attachée à son personnage. Pour les besoins du film, cette chanteuse et musicienne émérite a néanmoins dû apprendre à jouer de l'accordéon, ou du moins à faire semblant de savoir en

jouer car c'est l'un des seuls instruments qu'elle ne maîtrise pas !

Aucune date de diffusion n'a pour l'instant été annoncée, mais on peu imaginer que l'audience sera au rendez-vous pour suivre ce conte de fées des temps modernes qui fascine le public depuis de nombreuses années.

13 UN NOUVEAU DÉPART…

La fin de son contrat à Las Vegas marque pour Céline le point de départ d'un renouveau musical attendu et souhaité à la fois par la chanteuse et par son public. Son absence du paysage musical, dû à son emploi du temps et au succès mitigé rencontré par ses précédents albums, ont un peu éclipsé la diva, supplantée sur le devant de la scène par une nouvelle génération de chanteuses plus proches des jeunes, d'un point de vue musical bien sûr mais aussi sur le plan du look, du comportement et tout simplement de l'âge. Céline sait que pour reconquérir sa place de numéro 1 elle doit évoluer et tenter de décoller l'image de la chanteuse de variété qui lui colle à la peau. Malgré ses ventes de disques, malgré le nombre record de spectateurs ayant assisté à ses concerts, même si son nom est célèbre dans le monde entier, il manque à Céline la reconnaissance du milieu « branché », ceux qui à Paris, New-York ou Londres, font et défont les modes. Avec « aking Chances », c'est ce petit côté « hip » qu'elle espère décrocher.

Pour enregistrer ce nouvel album anglophone, elle s'entoure donc de gens nouveaux qui lui permettent d'évoluer vers des sonorités plus rock, flirtant parfois avec le R'n'B. Céline ose enfin chanter ce qu'elle aime, comme cette reprise, dont elle rêvait depuis 15 ans, de *That's Just the*

Woman in Me de Katrina and the Waves, un groupe américano-britannique célèbre grâce au hit *Walking on Sunshine.* Parmi les signatures inattendues que l'on trouve sur l'album, on note celle de Linda Perry, des 4 Non Blondes, Ben Moody, ancien membre d'Evanescence, Ne-Yo, The-Dream, qui a écrit *Umbrella* pour Rihanna ou encore Dave Stewart, qui a composé le premier single *Taking Chances.* Céline justifie ses choix en expliquant qu'elle avait envie de nouveautés, pour retrouver l'enthousiasme et la peur de ses débuts, abandonner la routine, se mettre en danger. Quand on lui reproche d'imiter la jeune génération, elle répond en riant « *Eyes on Me* est ma chanson Shakira ! » Et si on lui reproche de s'improviser rock star elle rétorque : « Petite je chantais les Beatles et Stevie Wonder avec mes frères, je suis une rockeuse ! » Elle va jusqu'à invoquer la grande prêtresse du rock : « Je suis habituée à plus de contrôle, mais *That's Just the Woman in Me,* devait être chantée comme Janis Joplin l'aurait fait ! Je la chante avec mon âme et pas avec cordes vocales. »

L'album est commercialisé le 12 novembre 2007 et se classe très rapidement parmi les meilleures ventes de l'année. Début 2008, on estime que les ventes atteindraient déjà les 3 millions d'exemplaires alors même que la tournée de Céline vient juste de commencer.

Pour assurer le lancement de son nouvel opus, la chanteuse ne ménage pas sa peine. Elle passe un mois à parcourir le monde pour le promouvoir. En France, se souvenant sans doute que son absence aux NRJ Music Awards, lui avait coûté cher, elle participe à l'émission le 27 janvier 2008. Elle fait aussi son grand retour sur le plateau des Enfoirés, participant au concert enregistré à Strasbourg et diffusé le 7 mars sur TF1. Un marathon épuisant mais qu'elle a visiblement apprécié : « J'ai eu un planning chargé, j'ai enchaîné les rendez-vous, les émissions de télé, les remises de prix, les décalages horaires. J'ai trente-neuf ans, je suis comme toutes les femmes. Il m'arrive d'avoir certains matins les traits tirés et de ne pas arriver à le dissimuler. » De retour chez elle, elle confie à une journaliste de *Gala* : « A chaque fois, j'ai l'impression de tout recommencer, même si les gens de ce métier me connaissent. J'étais un peu stressée à l'idée de replonger dans l'océan du show-business. Finalement, ce grand retour m'a beaucoup amusée. Ça m'a changée de ma routine de Las Vegas... C'était une fête de retrouver les animateurs télé, d'Ophrah Winfrey à Michel Drucker, de chanter, par exemple, sur le plateau de la *Star Academy*. Entre les tournages des émissions, j'ai pris le temps de manger, de boire du vin, de rire... Des choses que je ne faisais jamais auparavant tellement j'étais enfermée dans ma bulle. Je ne pensais qu'à la performance. » Au cours de cette longue interview, elle évoque aussi sa vie de maman et sa vie de femme. Elle avoue que René-Charles l'accompagne partout, que c'est un enfant très curieux, qui a hâte de découvrir le monde grâce à la tournée qui s'annonce : « Il rêve de revoir la Tour Eiffel, de poser ses pieds en Afrique... Mais c'est aussi un excellent élève, contrairement à moi. Il a un professeur qui lui donne des cours à la maison et nous accompagnera en tournée. Il apprend vite. Pour ça, il tient de son père... Par contre, il est casanier comme sa maman ! Après la tournée, on s'installera de nouveau en Floride et il sera scolarisé là-bas. » Toujours très heureuse dans son rôle de maman, elle confie vouloir un deuxième enfant qu'elle souhaite avant tout pour son fils, qui a très envie d'une petite sœur. À plusieurs reprises déjà, Céline s'est ouverte à la presse de son nouveau désir de maternité. Un bébé qui sera conçu comme le précédent puisque des embryons, datant de la première grossesse, ont été congelés et sont conservés à New York. Quant à la longévité de son couple, pour Céline, il n'y a pas de mystère c'est le fruit d'une bonne communication entre René et elle : « Il n'y a pas de recette-miracle pour réussir sa vie à deux. Avec René, on a connu des hauts et des bas comme tout le monde. On a réussi à surmonter les tensions en se parlant. Avec les années, notre histoire s'est renforcée. »

Le 8 janvier, elle renoue avec les honneurs et se voit décerner par les lecteurs du *Journal de Montréal* les titres de « Personnalité de l'année », « Meilleure chanteuse » et « Meilleur événement culturel » pour son spectacle de Las-Vegas... Dans la foulée, on apprend qu'elle est nominée dans six catégories pour les Juno Awards 2008 !

Mais un autre challenge attend Céline en ce début d'année 2008 : une nouvelle tournée mondiale qui débute le 14 février 2008 en Afrique du Sud. Au programme, une centaine de villes dans le monde et 25 pays à visiter. Très excitée à l'idée d'accomplir ce nouveau tour du monde en compagnie de sa mère et de son fils, Céline avoue que pour la première fois elle a envie de prendre son temps et de faire du tourisme ! « Ce sera une tournée avec un son rock dans une suite luxe cinq étoiles… Je descendrai dans des palaces et je ne donnerai que trois concerts par semaine. Je visiterai les villes, les pays que je traverse. Je veux découvrir des cultures nouvelles » confie-t-elle. Elle oublie de préciser qu'elle voyage en jet privé !

Certes le rythme sera plus calme que lors des précédentes tournées mais la star ne se déplacera pas sans un aréopage d'assistantes, gardes du corps, dentiste personnel, spécialiste de la voix, physiothérapeute sans oublier la nurse et le professeur de René-Charles… Pour loger tout ce joli monde, mais aussi les danseurs et les musiciens, 75 chambres d'hôtel sont réservées dans chacune des villes étapes.

Styliste au sein de différentes rédactions de magazines prestigieux comme *ELLE* où elle débuta en 1993, Annie Horth rejoint une nouvelle fois l'équipe de Céline Dion avec laquelle elle a travaillé de 1995 jusqu'à son installation à Las Vegas. Céline, qui osa grâce à elle raccourcir ses robes, lui a confié le stylisme de l'album « Taking chances »ainsi que celui de la tournée. Quelques jours après la grande première en Afrique du Sud, elle confie au Journal de Montréal ses premières impressions : « Planifier la garde-robe de Céline c'est comme orchestrer une opération à cœur ouvert ! » Quand Annie débarque en Afrique du Sud, la veille de la première, Céline n'a essayé que la moitié de ses costumes. La styliste a dû travailler toute la nuit pour que tout soit parfait le lendemain : « Il faut avoir les nerfs solides quand on travaille avec Céline et René » avoue-t-elle. Elle explique qu'au départ une autre fille, une Américaine, avait été engagée pour la tournée et qu'elle n'était arrivée sur le projet qu'à la mi-janvier… « 'ai dû faire vite, René m'a donné l'enchaînement des numéros et m'a expliqué le show. La nuit suivante j'avais les costumes en tête ! »

Chaque costume est réalisé en 2 ou 3 exemplaires car la plupart des robes sont recouvertes de broderies et de perles. On ne peut donc pas les laver aussi elle a prévu de fixer des coussinets absorbant sous les aisselles de la chanteuse. Les plus grands noms de la haute couture ont une nouvelle fois été mis à contribution. « Je suis partie en urgence à Paris mais vu le temps très restreint, c'était presque impossible d'avoir des exclusivités. » Elle parvient néanmoins à dénicher un petit bijou, une robe vintage dessinée par Gianni Versace avant sa mort mais jamais portée par une autre star. « C'est la préférée de René, elle est brodée d'or et de pierres Swarovski... » Mais Annie a aussi dû prévoir des tenues de rechange moins sexy pour les soirs où Céline chantera dans les pays du Golfe ou en Malaisie... Grande habituée des tendances, elle parie que cet été tout le monde copiera le look robe tee-shirt blanche, signée Balmain portée par Céline avec des chaussures de gladiateurs sur *It's a Man's World*! Chez Givenchy, elle a convaincu Alber Elbaz de confectionner une robe en exclusivité pour la chanteuse qui devrait la porter dès le mois de mai en Europe.

La première date de la tournée « Taking Chances » a lieu dans le stade Loftus de Pretoria devant une foule électrisée. Céline, très en forme, assure un show de deux heures trente. Elle débute par deux titres enchaînés *I Got the Music in Me* et *The power of love* avant d'interpréter *Taking Chances.* Au total elle chante six nouvelles chansons, mais ne boude pas son plaisir de reprendre ses anciens tubes comme *All by myself* ou *Pour que tu m'aimes encore*, seul titre en français de tout le concert. Elle termine par le désormais mythique *My Heart Will Go On.* Tout au long du show, trois écrans géants diffusent des images vidéo retraçant la vie de Céline. Mais si le public semble conquis, René Angélil, lui, trouve que de nombreux ajustements sont nécessaires. Il enfile son costume de metteur en scène et passe toute la nuit à corriger le tir. Il remanie l'ordre des titres, modifie les enchaînements, supprime un changement de costume… « Je me suis aperçu qu'on ne pouvait pas faire le même show avec cette scène-là qu'avec la scène centrale pour laquelle il a été conçu. Ce soir tout va s'arranger » promet le manager à la presse une heure et demie avant le spectacle du lendemain. René a décelé plusieurs problèmes : des changements de tenues interminables, des projections pas vraiment au point, une sonorisation défaillante qui privilégie les voix au détriment de la musique, un problème de retour pour Céline qui ne s'entend pas chanter…

Comme elle l'a prévu, Céline profite de son voyage pour découvrir enfin les pays qu'elle traverse habituellement au pas de course. Accompagnée de René et de leur fils de 7 ans, elle est reçue par Nelson Mandela. Emprisonné pendant de nombreuses années, il fût placé en résidence surveillée à partir du 7 décembre 1988 avant d'être libéré le 11 février 1990. Trois ans plus tard, il recevait le Prix Nobel de la paix avant de devenir le 27 avril 1994 le premier Président de la République d'Afrique du sud, démocratiquement élu. Son combat contre l'Apartheid et celui qu'il mène aujourd'hui contre le Sida lui valent d'être une personnalité écoutée et très respectée de la classe politique et de la population africaine. À la fin de cette rencontre qui a duré une vingtaine de minutes, Céline confie au vieil homme, aujourd'hui âgé de 90 ans : « Vous êtes un grand homme, un homme unique parce que vous avez l'âme d'un enfant, le coeur d'une mère pour tous les enfants d'Afrique et la force d'un homme. » René a comparé cette entrevue à l'audience qu'ils avaient obtenue, quelques années auparavant, avec le Pape.

La chanteuse profite aussi de son passage en Afrique du Sud pour se rendre dans le ghetto de Soweto où en compagnie de René-Charles elle participe à une distribution de denrées alimentaires. « Il fallait qu'il voit ça » a simplement déclaré René en parlant de la présence de leur fils aux côtés de Céline.

Au total, Céline aura donné neuf concerts en Afrique du Sud, battant le record de vente de billets détenu jusqu'alors par Michael Jackson ! On parle de 350 000 places vendues contre 200 000 seulement pour le « Roi de la pop » !

Céline poursuit son tour du monde. Elle s'envole pour Dubaï, l'Asie, l'Australie puis l'Europe à partir du mois de mai 2008 avant d'attaquer l'Amérique du Nord dès le 12 août ! Après seulement elle songera à se reposer et à mettre en route un deuxième bébé…

En mars 2008, elle atterrit en Australie où elle n'a pas chanté depuis dix ans ! Malheureusement, quelques jours après son arrivée, Céline souffre une nouvelle fois d'une infection des cordes vocales et des sinus. Contrainte au repos et au silence, elle doit annuler plusieurs de ses concerts. Elle doit aussi reporter au 5 avril la grande fête d'anniversaire à laquelle 300 personnes ont été conviées. Le 30 mars, à l'hôtel InterContinental de Sydney, elle fête quand même ses 40 ans dans l'intimité, entourée d'une trentaine de proches. L'ambiance est détendue, Céline rayonne, elle va visiblement mieux. Tout le monde s'accorde pour lui dire que la vie commence à 40 ans ce qui fait dire à son mari « Quand je t'ai connue, j'allais avoir 40 ans. Je peux donc t'assurer que la vie commence à 40 ans. J'en suis la preuve vivante ! »

Pour l'occasion ses frères et sœurs ont enregistré quelques jours plus tôt une vidéo surprise dans laquelle on les voit tous discuter et plaisanter autour d'une table. Claudette raconte « On a fait de l'humour Dion, à notre façon, sans jamais rire des autres mais en riant de nous. On s'est rappelé des souvenirs. On a mimé des cornets à nos oreilles pour montrer que les 40 ans de notre bébé ça nous rajeunit pas ! » Céline a pu découvrir aussi un autre montage réalisé à partir d'images d'archives personnelles retraçant 40 ans d'une vie et d'une carrière bien remplies.

Quelques mois avant son départ en tournée, Céline évoquait ce passage parfois difficile de la quarantaine : « Avoir quarante ans, c'est le début d'une nouvelle histoire. J'ai envie d'une existence normale, de faire la cuisine, des fêtes pour René-Charles, de connaître ses amis, d'être là pour lui. La maturité me va à merveille, ajoute-t-elle, je suis beaucoup plus en contrôle de mes moyens. Je suis heureuse comme jamais. Je chante de passion. Ce n'est plus un travail ». Imperturbable, la Diva poursuit son chemin, mais s'accorde plus de liberté et de temps : « Avant j'avais la sensation d'exécuter les choses, de les subir. Je me consacrais corps et âme au chant. Aujourd'hui je ne veux plus tout prendre au sérieux. Je ne suis pas un robot qui programme tout. Je ne suis pas parfaite. » Et si la nouvelle Céline, dont les médias ont beaucoup parlé à la sortie de « Taking Chances » était tout simplement une femme épanouie, heureuse d'avoir accompli son rêve, qui n'avait plus comme ambition que celle de devenir, comme le chantait Enzo Enzo, juste quelqu'un de bien ?

DISCOGRAPHIE

ALBUMS ANGLOPHONES :

« TAKING CHANCES »- 2008

Taking Chances, Alone, Eyes On Me, My Love, Shadow of Love, Surprise Surprise, This Time, New Dawn, A Song for You, A World to Believe In, Can't Fight the Feeling, I Got Nothin' Left, Right Next to the Right One, Just Fade Away, That's Just the Woman in Me, Skies of L.A.

« MIRACLE, A CELEBRATION OF NEW LIFE »- 2004

Miracle, Brahm's Lullaby (La berceuse de Brahms), If I Could, Sleep Tight, What A Wonderful World, My Precious One, A Mother's Prayer, The First Time Ever I Saw Your Face, Baby Close Your Eyes, Come to Me, Le loup, la biche et le chevalier (une chanson douce), Je lui dirai, Beautiful Boy, In Some Small Way.

« A NEW DAY - LIVE IN LAS VEGAS » - 2004

Nature Boy, It's All Coming Back To Me Now, Because You Loved Me, I'm Alive, If I Could, At Last, Fever, I've Got The World On A String, Et je t'aime encore, I Wish, I Drove All Night, My Heart Will Go On, What A Wonderful World, You and I, Ain't Gonna Look The Other Way, Contre-nature.

« ONE HEART » - 2003

I Drove All Night, Love Is All We Need, Faith, In His Touch, One Heart, Stand by Your Side, Naked, Sorry For Love, Have You Ever Been In Love, Reveal, Coulda Woulda, Shoulda, Forget Me Not, I Know What Love Is, Je t'aime encore.

« A NEW DAY HAS COME » - 2002

I'm Alive, Right In Front Of You, Have You Ever Been In Love, Rain, Tax (It's Inevitable), A New Day Has Come, Ten Days, Goodbye's The Saddest Word, Prayer, I Surrender, At Last, Sorry For Love, Aun existe amor, The Greatest Reward, When The Wrong One Love You Right, Nature Boy, Super Love, Coulda, Woulda, Shoulda, All Because Of You.

« THE COLLECTOR'S SERIES VOL.1 / TOUT EN AMOUR »

The Power of the Dream, Where Does My Heart Beat Now, Us, The Reason, Seduces Me, With This Tear, Falling into You, Pour que tu m'aimes encore, Un garçon pas comme les autres (Ziggy), Be the Man (On This Night), Tell Him, The Prayer, Sola otra vez), Amar Haciendo el Amor, Only One Road, That's the Way It Is.

« ALL THE WAY : A DECADE OF SONG » - 1999

The Power of Love, If You Asked Me To, The Beauty and the Beast, Because You Loved Me, It's All Coming Back to Me Now, Love Can Move Mountains, To Love You More, My Heart Will Go On, I'm Your Angel, That's the Way It Is, If Walls Could Talk, First Time Ever I Saw Your Face, All the Way, Then You Look at Me, I Want You to Need Me, Live for the One I Love.

« THESE ARE SPECIAL TIMES » - 1998

O Holy Night, Don't Save It All For Christmas Day, Blue Christmas, Another Year Has Gone By, The Magic Of Christmas Day (God Bless Us Everyone), Ave Maria, Adeste Fideles (O Come All Ye Faithful), The Christmas Song (Chesnuts Roasting On An Open Fire), The Prayer, Brahms' Lullaby, Chirstmas Eve, These Are The Special Times, Happy Xmas (War Is Over), I'm Your Angel, Feliz Navidad, Les Cloches Du Hameau

« **COMMAND PERFORMANCE** » - **1998**
The Power Of Love, Seduces Me, All By Myself, If You Asked to Me, Misled, Beauty and The Beast, Declaration Of Love, Pour que tu m'aimes encore, J'irai où tu iras, It's All Coming Back To Me Now, To Love You More, Le ballet, Love Can Move Mountains, Call The Man, The Power Of The Dreams, Twist and Shout, Because You Loved Me, My Heart Will Go On, All By Myself, Quand on n'a que l'amour (en duo avec Mauranne), *Everything I Do (I Do it For You), Les derniers seront les premiers, River Deep Mountain High*

« **LIVE IN MEMPHIS** » - **1998**
The Power Of Love, Seduces Me, All By Myself, If You Asked to Me, Misled, Beauty and The Beast, Declaration Of Love, Pour que tu m'aimes encore, J'irai où tu iras, It's All Coming Back To Me Now, To Love You More, Le ballet, Love Can Move Mountains, Call The Man, The Power Of The Dreams, Twist and Shout, Because You Loved Me

« **LET'S TALK ABOUT LOVE** »- **1997**
The Reason, Immortality, Treat Her Like A Lady, Why Oh Why, Love Is On The Way, Tell Him, Amar Haciendo El Amor, When I Need You, Miles To Go, Us, Just A Little Bit Of Love, My Heart Will Go On, Where Is The Love, Be The Man, I Hate You Then I Love You, Let's Talk About Love

« FALLING INTO YOU » - 1996
It's All Coming Back To Me Now, Because You Loved Me, Falling Into You, Make You Happy, Seduces Me, All By Myself, Declaration Of Love, (You Make Me Feel Like A) Natural Woman, Dreamin' Of You, I Love You, If That's What It Takes, I Don't Know, River Deep, Mountain High, Your Light, Call The Man, Fly

« THE COLOUR OF MY LOVE »- 1996 (album live)
Everybody's Talkin' My Baby Down, Love Can Move Mountains, If You Asked Me To, Only One Road, Ce n'était qu'un rêve, Misled, Think Twice, Where Does My Heart Beat Now, When I Fall In Love, Refuse To Dance, The Power Of Love, Beauty And The Beast, I Can't Help Falling In Love (Live), The Colour Of My Love, Pour que tu m'aimes encore

« THE COLOUR OF MY LOVE » - 1993
The Power Of Love, Misled, Think Twice, Only One Road, Everybody's Talkin' My Baby Down, Next Plane Out, Real Emotion, When I Fall In Love, No Living Without Loving You, Lovin' Proof, The Colour of My Love, Just Walk away, To Love You More

« CÉLINE DION » - 1992
Introduction, Love Can Move Mountains, Show Some Emotion,If You Asked Me To, If You Could See Me Now, Halfway To Heaven, Did You Give Enough Love, If I Were You, Beauty And The Beast, I Love You, Goodbye, Little Bit Of Love, Water From The Moon, With This Tear, Nothing Broken But My Heart, Where Does My Heart Beat Now

« UNISON » - 1990
(If There Was) Any Other Way, If Love Is Out The Question, Where Does My Heart Beat Now, The Last To Know, I'm Loving Every Moment With You, Love By Another Name, Unison, I Feel To Much, If We Could Start Over, Have A Heart

ALBUMS FRANCOPHONES :
« D'ELLES » - 2007
Et s'il n'en restait qu'une (je serais celle-là), Immensité, À cause, Je cherche l'ombre, Les paradis, La diva, Femme comme chacune, Si j'étais quelqu'un, Je ne suis pas celle, Le temps qui compte, Lettre de George Sand à Alfred de

Musset, On s'est aimé à cause, Berceuse

« ON NE CHANGE PAS » - 2004

CD 1: *Je en vous oublie pas, Tous les secrets, Pour que tu m'aimes encore, S'il suffisait d'aimer, Sous le vent* (avec Garou), *Tout l'or des hommes, Je sais pas, On ne change pas, Dans un autre monde, Un garçon pas comme les autres, L'amour existe encore, J'irais où tu iras, Et je t'aime encore, Vole, Je lui dirai, Quand on n'a que l'amour* (version live), *I Believe in You* (avec Il Divo)
CD2 : *Le ballet, Contre nature, Je danse dans ma tête, Le blues du business-man, Le loup, la biche et le chevalier (une chanson douce), D'amour ou d'amitié, Mon ami m'a quittée, Les chemins de ma maison, Ne partez pas sans moi, Je ne veux pas, Zora sourit, Destin, Tellement j'ai d'amour pour toi, Ma nouvelle France, Les derniers seront les premiers, Ce n'était qu'un rêve*

« 1 FILLES & 4 TYPES » - 2003

Tout l'or des hommes, Apprends-moi, Le vol d'un ange, Ne bouge pas, Tu nages, Et je t'aime encore, Retiens-moi, Je lui dirai, Mon homme, Rien n'est vraiment fini, Contre-nature, Des milliers de baisers, Valse adieu.

« LES INDISPENSABLES » - 2002

D'amour ou d'amitié, Visa pour les beaux jours, En amour, Les oiseaux du bonheur, C'est pour toi, Ne partez pas sans moi, Mon ami m'a quittée, Avec toi, Mon rêve de toujours, C'est pour vivre, Comment t'aimer, Du soleil au cœur, Tellement j'ai d'amour pour toi, La do do la do, Un amour pour moi

« THE EARLY SINGLES » - 2001

Ce n'était qu'un rêve, Amour viendra, D'amour ou d'amitié, Visa Pour Les Beaux Jours, Mon ami m'a quittée, La do do la do, Ne me plaignez pas, Mon rêve de toujours, Les oiseaux du bonheur, C'est pour vivre, Avec toi, Billy, En amour, Je ne veux pas, Comment t'aimer, Religieuse, C'est pour toi,

Ne partez pas sans moi.

« AU CŒUR DU STADE » - 1999
Let's Talk About Love, Dans un autre monde, Je sais pas, Je crois toi, Terre, J'irai où tu iras, S'il suffisait d'aimer, On ne change pas, Medley acoustique, Pour que tu m'aimes encore, My Heart Will Go On.

« S'IL SUFFISAIT D'AIMER » - 1998
Je crois toi, Zora sourit, On ne change pas, Je chanterai, Terre, En attendant ses pas, Papillon, L'abandon, Dans un autre monde, Sur le même bateau, Tous les blues sont écrits pour toi, S'il suffisait d'aimer.

« AMOUR - THE COLLECTION 1982-1988 - THE FRENCH COLLECTION » 1997
Ne partez pas sans moi, D'amour ou d'amitié, Visa pour les beaux jours, Les oiseaux du bonheur, Tellement j'ai d'amour pour toi, La religieuse, C'est pour toi, Avec toi, Mon rêve de toujours, Du soleil au cœur, À quatre pas d'ici, Un amour pour moi, Billy, Comment t'aimer, Mon ami m'a quittée, La do do la do, Hymne à l'amitié, Je ne veux pas, C'est pour vivre, En amour, Ne me plaignez pas, Les chemins de ma maison, Hello Mister Sam, Trois heures vingt, Trop jeune à dix-sept ans, Paul et Virginie, La voix du Bon Dieu, Benjamin

« C'EST POUR VIVRE - THE FRENCH LOVE ALBUM » - 1997
Mon ami m'a quittée, La do do la do, Hymne à l'amitié, Je ne veux pas, C'est pour vivre, En amour, Ne me plaignez pas, Les chemins de ma maison, Hello Mister Sam, Trois heures vingt, Trop jeune à dix-sept ans, Paul et Virginie, La voix du Bon Dieu, Benjamin

« LIVE À PARIS » - 1996
J'attendais, Destin, The Power of Love, Regarde-moi, River Deep, Mountain

High, Un garçon pas comme les autres, Les derniers seront les premiers, J'irai où tu iras, Je sais pas, Le ballet, Prière païenne, Pour que tu m'aimes encore, Quand on n'a que l'amour, Vole, To Love You More

« LES PREMIÈRES CHANSONS VOL 2 » - 1995
Incognito, Lolita (trop jeune pour aimer), On traverse un miroir, Partout je te vois, Jours de fièvre, D'abord, c'est quoi l'amour, Délivre-moi, Comme un cœur froid, Mon ami m'a quittée, La do do la do, Hymne à l'amitié, Je ne veux pas, C'est pour vivre, En amour

« LES PREMIÈRES CHANSONS VOL 1 » - 1995
D'amour ou d'amitié, Visa pour les beaux jours, Ne partez pas sans moi, Les oiseaux du bonheur, Tellement j'ai d'amour pour toi, La religieuse, C'est pour toi, Avec toi, Mon rêve de toujours, Du soleil au cœur, À quatre pas d'ici, Un amour pour moi, Billy, Comment t'aimer

« D'EUX » - 1995
Pour que tu m'aimes encore, Le ballet, Regarde-moi, Je sais pas, La mémoire d'Abraham, Cherche encore, Destin, Les derniers seront les premiers, J'irai où tu iras, J'attendais, Prière païenne, Vole

« CÉLINE DION À L'OLYMPIA » - 1994
Des mots qui sonnent, Where Does My Heart Beat Now, L'amour existe encore, Je danse dans ma tête, Calling You, Elle, Medley Starmania, Le blues du Bussinessman, Le fils de Superman, Love Can Move Mountains, Un garçon pas comme les autres, The Power of Love, Quand on n'a que l'amour

« LES PREMIÈRES ANNÉES » - 1993
D'amour ou d'amitié, Visa pour les beaux jours, En amour,Les oiseaux du bonheur, Tellement j'ai d'amour pour toi, La religieuse, C'est pour toi, Ne partez pas sans moi, Mon ami m'a quittée, Avec toi, Mon rêve de toujours,

Du soleil au cœur, À quatre pas d'ici, Un amour pour moi, Billy, Comment t'aimer, Je ne veux pas, C'est pour vivre

« DES MOTS QUI SONNENT (DION CHANTE PLAMONDON) » - 1992

Des mots qui sonnent, Le monde est stone, Le fils de Superman, Je danse dans ma tête, Le blues du businessman, Un garçon pas comme les autres, Quelqu'un que j'aime, quelqu'un qui m'aime, Les uns contre les autres, Oxygène, L'amour existe encore, J'ai besoin d'un chum, Piaf chanterait du rock

« VIVRE - THE BEST OF CÉLINE DION » -1987

Ne partez pas sans moi, Billy, Je ne veux pas, D'amour ou d'amitié, Mon ami m'a quittée, C'est pour vivre, La religieuse, C'est pour toi, Les Chemins de ma maison, Trois heures vingt, Les oiseaux du bonheur, Benjamin

« INCOGNITO » - 1987

Incognito, Lolita (trop jeune pour aimer), On traverse un miroir, Jours de fièvre, D'abord c'est quoi l'amour, Comme un cœur froid, Partout je te vois, Délivre-moi, Ma chambre, Ne partez pas sans moi

« LES CHANSONS EN OR » - 1986

Ce n'était qu'un rêve, La voix du Bon Dieu, Tellement j'ai d'amour pour toi, D'amour ou d'amitié, Mon ami m'a quittée, Les Chemins de ma maison, Mon rêve de toujours, Mélanie, Une colombe, C'est pour toi, Fais ce que tu voudras

« CÉLINE DION EN CONCERT » - 1985

Mon ami m'a quittée, Hommage à Félix Leclerc, Up Where we belong, Tellement j'ai d'amour pour toi, D'amour ou d'amitié, Over the Rainbow, Hommage à Michel Legrand, Carmen (L'amour est enfant de bohème, What a Feeling, Une colombe, Les chemins de ma maison, La première fois

« C'EST POUR TOI » - 1985
C'est pour toi, Tu es là, Dis-moi si je t'aime, Elle, Pour vous, Les oiseaux du bonheur, Avec toi, Amoureuse, Paul et Virginie, C'est pour vivre

« LES PLUS GRANDS SUCCÈS DE CÉLINE DION » - 1984
(Album vendu uniquement au Québec au profit de la recherche contre la fibrose kystique)
Ce n'était qu'un rêve, La voix du Bon Dieu, Tellement j'ai d'amour pour toi, D'amour ou d'amitié, Gloria Alleluia, Mon ami m'a quittée, Ne me plaignez pas, Un enfant, Vivre et donner, Les Chemins de ma maison

« LES OISEAUX DU BONHEUR » - 1984
(Compilation vendue uniquement en France)
Trois heures vingt, Trop jeune à dix-sept ans, Mon rêve de toujours, Paul et Virginie, La voix du Bon Dieu, Les oiseaux du bonheur, Tellement j'ai d'amour pour toi, Un amour pour moi, Benjamin, L'hymne à l'amour

« MÉLANIE » - 1983
Mélanie, Chante-moi, Un amour pour moi, Trop jeune à dix-sept ans, Mon rêve de toujours, Va où s'en va l'amour, Comme on disait avant, Benjamin, Trois heures vingt, Une colombe

« DU SOLEIL AU CŒUR » - 1983
D'amour ou d'amitié, La do do la do, Mon ami m'a quittée, Ne me plaignez pas, Tellement j'ai d'amour pour toi, Du soleil au cœur, À quatre pas d'ici, Les chemins de ma maison, Hello Mister Sam, Le vieux monsieur de la rue Royale, Trois heures vingt, Benjamin, La voix du Bon Dieu, Trop jeune à dix-sept ans

« CHANTS ET CONTES DE NOËL » - 1983
Un enfant, Promenade en traîneau, Pourquoi je crois encore au Père Noël,

Joyeux Noël, Céline et Pinotte, À quatre pas d'ici, Le conte de Karine, Glory Alleluia

« **LES CHEMINS DE MA MAISON** » - **1983**
Mon ami m'a quittée, Toi sur ta montagne, Ne me plaignez pas, Vivre et donner, Mamy blues, Du soleil au cœur, Et puis un jour, Vivre et donner, Hello mister Sam, La do do la do, Les chemins de ma maison

« **TELLEMENT J'AI D'AMOUR** » -**1982**
D'amour ou d'amitié, Le piano fantôme, Tu restes avec moi, Tellement j'ai d'amour pour toi, Écoutez-moi, Le tour du monde, Visa pour les beaux jours, La voix du Bon Dieu, Le vieux monsieur de la rue Royale

« **CÉLINE DION CHANTE NOËL** » - **1981**
Glory Alleluia, Le p'tit renne au nez rouge, Petit papa Noël, Sainte nuit, Les enfants oubliés, Noël blanc, Père Noël arrive ce soir, J'ai vu maman embrasser le Père Noël, Promenade en traîneau, Joyeux Noël

« **LA VOIX DU BON DIEU** » - **1981**
La voix du Bon Dieu, Au secours, L'amour viendra, Autour de moi, Grand-maman, Ce n'était qu'un rêve, Seul un oiseau blanc, Tire l'aiguille, Les roses blanches

RÉFÉRENCES

Presse : *Gala, Le Parisien, Télé 7 Jours, Télé Poche, Elle, Ciné Télé Revue, People, Paris Match, Télé Loisirs, La Presse…*

Bibliographie :
Loïc Tremblay : *Céline Dion : Entre rêve et réalité*, J'ai Lu, 2005
Céline Dion : *Ma vie, mon rêve* , Robert Laffont, 2000
Françoise Delbecq : *Céline Dion :L'ascension d'une étoile,* JC Lattès, 1997
Ian Halperin :*Céline Dion : Behind the fairytale* - Boca Publications, 1997
Yves Boudreau : *René Angélil, l'homme derrière Céline Dion*, Guy Saint-Jean éditeur, 1996
Jenna Glatzer : *Céline Dion : For Keeps,* Andrews McMeel Publishing, 2005

www.celinedion.com
www.celinedion.fr
www.celinecommunity.com
soukaina.centerblog.net
celineangelil.centerblog.net

Achevé d'imprimer en avril 2008
sur les presses de la Nouvelle Imprimerie Laballery
58500 Clamecy
Dépôt légal : avril 2008
Numéro d'impression : 804228

Imprimé en France